AF237600

Halbschlafgedanken

über Gott und die Welt in
schrägen Reimen
zusammengestellt

von Josef Gödde

-

1. Auflage, 2022

© 2022 Alle Rechte vorbehalten.

Herstellung und Verlag:

BoD – Books on Demand, Norderstedt

Bibliographische Information der Deutschen Nationalbibliothek: Die Deutsche Nationalbibliothek verzeichnet
diese Publikation in der Deutschen Nationalbibliographie;
detaillierte bibliographische Daten sind im Internet über
dnb.dnb.de abrufbar.

978-3-756218-21-9

Inhaltsverzeichnis

Vorwort 1

Von Menschen, Bakterien und Jungbrunnen 3

Limericks on politics 13

Allgemeines 13

Das freie Wort 16

Kleinbürger 17

Kindesmissbrauch 18

Bürokratie und Justiz 19

Bildungspolitik 21

Finanzen oder Gier frisst Hirn 21

Krieg und Frieden 26

Klimapolitik 27

Charakter 28

Gesundheitspolitik 32

Der Deutsche und sein Automobil 32

Olympia 33

So kann es enden ... 33

Philosophisches 35

Pflanzen, die unverstandenen Wesen 36

Gedanken zum Thema Religion 47

Meine Grabrede, gehalten von mir selbst 96

Danksagung 113

Vorwort

Stell dies Buch schnell zum Platz zurück!
Hast Du's nicht gekauft, dann hast Du Glück!
Es ist nicht spannend, es ist nicht schön,
auch nicht als Sachbuch zu versteh'n,
kein Krimi, kein Western, kein Liebesroman.
Wenn Du es lesen willst, denke daran:
Volles Verständnis, das setzt voraus:
Man kennt sich politisch schon länger aus,
hilfreich ist Kenntnis der Kosmologie,
dazu eine Prise Physik und Chemie.

Es ist ganz OK, wenn Du neugierig bist:
„Warum schrieb der Idiot dann den Mist?"
Ganz einfach: Ich hab das herausgeschrieben.
Sonst wär' zu viel Wut mir im Bauch geblieben,
wollt', dass man über Polit-Deppen lacht –
das hat mir besonderen Spaß gemacht.
Doch statt auf Demos blöd rumzubrüllen,
Internetforen vollzumüllen,
nahm ich mir vor, mich zu disziplinieren,
möglichst in Reimform zu formulieren.

Weil dadurch die Wortwahl sehr eingeschränkt,
erzwingt's, dass man alles mehrfach durchdenkt.
Auch wenn einem klar, was man sagen will,
findet sich langsam nur Reim und Stil.
Der Reim hilft auch, kleine Boshaftigkeiten
nicht-justitiabel aufzubereiten.
Bei mir klappt das am besten dann,
wenn das halbe Hirn dabei träumen kann,
beim Übergang vom Traum zum Tag,
wenn ich am besten zu dösen vermag.

Die einen Hirnecken träumen noch,
die anderen fahren langsam hoch.
In der Traumecke wird noch wild phantasiert,
von der wachen aber schon diszipliniert.
Nicht eingeengt durch des Alltags Schranken
spielt der Traum Tetris mit freien Gedanken,
die man aber nach Ankunft dann
nochmals drehen und wenden kann.
Diese Methode, Gedanken zu fangen,
ist dann im Buchtitel aufgegangen.

Die letzten Kapitel sind eigentlich nur
subjektiv spekulativer Natur,
Assoziationen, die aufgeschrieben
von jemand, der geistiges Spielkind geblieben.
Hab mir am Ende mancher Nacht
auf Gott und die Welt einen Reim gemacht,
derlei Selbst-„Gespräche" dann schriftlich fixiert
und damit potentiell kommuniziert.
So kann, wer's liest, ein bisschen durchblicken,
wie ich zur Schreibzeit pflegte zu ticken ...
Dabei ist manche Äußerung nur
augenzwinkernder Natur.
Andererseits ist manches auch
Ausdruck politischer Wut im Bauch.

Wer's liest, mag kritisch die Stirne runzeln
oder – wenn's gut geht – nachdenklich schmunzeln ...

Vielleicht beim Lesen dann Pause machen,
ist's einem zum Nachdenken oder zum Lachen ...

Greifenstein-Nenderoth, 2022

Von Menschen, Bakterien und Jungbrunnen

Menschen funktionieren wie Verbrennungsmaschinen, wenn auch wie sehr komplizierte Maschinen – sagt der **Thermodynamiker**.

Menschen essen energetisch hochwertige Nahrung, verdauen sie ähnlich wie ein Verbrennungsmotor den Treibstoff verbrennt und scheiden die Reste aus.

Menschen betreiben mit der dabei freigesetzten Energie alle ihre Lebensaktivitäten.

Thermodynamiker kennen sich damit aus, wie Energie bei chemischen und technischen Prozessen umgesetzt wird.

Menschen funktionieren wie Computer, wenn auch wie sehr komplizierte Computer – sagt der **Informatiker**.

Menschen erfassen äußere und innere Reize, verarbeiten und bewerten sie und steuern mit dem Ergebnis das, was sie tun. Die Energie dazu stammt aus der Verdauung der Nahrung.

Informatiker kennen sich damit aus, wie Maschinen und Automaten Informationen verarbeiten.

4 Von Menschen, Bakterien und Jungbrunnen

Menschen funktionieren wie Tiere, wenn auch wie sehr komplexe Tiere – sagt der **Biologe**.

Menschen waren einst **Jäger** und **Sammler**.

Menschen gestalten heute ihr Biotop selbst und erweitern damit ihren Lebensraum mehr als die meisten Tiere.

Menschen kultivieren dazu Pflanzen und Tiere.

Menschen verschaffen sich heute im Vergleich zu **Jägern** und **Sammlern** mehr zu essen, zu verdauen.

Menschen verschaffen sich Nahrungsreserven für Zeiten, in denen sie ihr Gehirn einfach nur so gebrauchen.

Biologen kennen sich damit aus, wie Lebensvorgänge ablaufen, wie Lebewesen wachsen, sich fortpflanzen, sterben und wer wen dabei frisst.

Menschen funktionieren wie **forschende Spieler**, die auch sehr komplizierte **Gedankenspiele** vollführen – sagt der **Philosoph**.

Gedankenspiele erzeugen Wissenschaft, Mathematik und Vorurteile.

Gedankenspiele sind Basis der Forschung, die wiederum die Menge des Denkbaren erweitert und präzisiert.

Gedankenspiele um das Problem der Gerechtigkeit erzeugen Modelle von Rechts-, Staat- und Wirtschaftssystemen. Aber regelmäßig widerlegt die Wirklichkeit die Modelle.

Menschen spielen und treiben auf die Dauer nur dann Gedankenspiele,

wenn sie etwas zum Verdauen haben,

wenn ihr Gehirn geistige Nahrung erhält und

wenn sie in ihrem Biotop nicht einfach aufgefressen werden.

Philosophen versuchen, Prinzipien der Wahrheitsfindung zu erkunden.

Philosophen heißen übersetzt „Wissen und Wahrheit Liebende".

Ein **Philosoph** meinte schon vor über 2000 Jahren: „Wer weiß, dass er nichts weiß, weiß am meisten."

6 Von Menschen, Bakterien und Jungbrunnen

Menschen schaffen durch Einsatz ihrer Arbeitskraft Mehrwert oder sind **Kapitalisten** – sagt der **Marxist**.

Menschen schaffen durch Einsatz ihrer Arbeitskraft auf die Dauer nur dann Mehrwert,

wenn sie etwas zum Verdauen haben,

wenn ihr Gehirn arbeitet und

wenn die richtigen Arbeitsmittel bereitstehen.

Marxisten kennen sich mit dem Marxismus aus.

Marxisten mögen meist keine **Kapitalisten**, auch wenn sie selbst vor lauter Marxismus zu **Kapitalisten** geworden sind.

Menschen funktionieren als **Konsumenten** und oft auch als **Produzenten** – sagen der **Betriebswirt** und der **Volkswirt**.

Menschen in arbeitsteiligen Gesellschaften können nicht alles, was sie brauchen, selbst sammeln oder herstellen.

Menschen besorgen sich den Rest durch Tausch oder Kauf – zum Konsumieren.

Menschen konsumieren und produzieren auf die Dauer nur dann,

wenn sie etwas zum Verdauen haben und

wenn sie etwas zum Tauschen oder Geld zum Bezahlen haben.

Inwieweit das eigene Gehirn der **Menschen** zum

Konsumieren arbeiten muss, lassen wir hier offen.

Menschen empfinden das Konsumieren immerhin meistens als freiwillige, eigene Handlung.

Menschen sind manchmal stolz auf das, was sie produzieren.

Betriebswirte und **Volkswirte** kennen sich mit Geld aus.

Betriebswirte und **Volkswirte** beschreiben gerne mit Zahlen, wie das Geld hin und her, im Kreis oder auf die Konten Reicher fließt.

Menschen erscheinen in diesen Beschreibungen oft nur als Zahlen.

Menschen hinter diesen Zahlen merken das aber nur gelegentlich.

Menschen funktionieren als **Sklaven**.

Sklaven befiehlt man, was sie tun sollen – sagt der **Sklaventreiber**.

Menschen sind meist unfreiwillig **Sklaven**, können aber auch **Sklaven** eigener Ideen werden.

Menschen verrichten Sklavenarbeit auf die Dauer nur dann, wenn sie etwas zum Verdauen haben.

Menschen nutzen das Gehirn bei der Sklavenarbeit,
um sich die Arbeit zu erleichtern,
um sich ihr zu entziehen oder
um sich selbst zu versklaven.

8 Von Menschen, Bakterien und Jungbrunnen

Wenn Sklaverei verboten wird, kehrt sie leicht unter anderer Bezeichnung durch die Hintertür zurück.

Sklaventreiber kennen sich damit aus, Zwang auszuüben, meist ohne sich diesem selbst zu unterwerfen.

Sklaventreiber bezeichnen sich selbst nur selten als solche.

Sklaventreiber verstehen sich eher als Inhaber gerechtfertigter Macht.

Sklaventreiber mögen es nicht, wenn ihre **Sklaven** denken, schon gar nicht, wenn sie über **Sklaventreiber** nachdenken.

Menschen funktionieren als **Gläubige** – sagt der **Religionsgelehrte**.

Menschen übernehmen von **Eltern**, **Lehrern**, **Schamanen**, **Priestern** und **Religionsgelehrten** Gedankengebäude, die ihnen zwar unüberprüfbar, dafür aber subjektiv glaubhaft ein besseres Dasein versprechen, im Leben und danach.

Menschen haben oft Angst, die Regeln ihrer Religion zu brechen. Diese Angst blockiert das Hinterfragen der Regeln.

Gläubige lassen sich daher leicht versklaven – mit ihrer Religion als Machtmittel.

Menschen leben auf die Dauer nur dann nach den Regeln ihrer Religion, wenn sie etwas zum Verdauen haben.

Menschen fasten manchmal wegen ihrer Religion.

Menschen verdauen dann Teile ihres Körpers – freiwillig.

Menschen, die ihr Gehirn nutzen, um über Religion nachzudenken, werden entweder fromm oder areligiös oder radikal oder irre oder bescheiden oder arrogant oder **Religionsgelehrte**.

Religionsgelehrte glauben oder behaupten, ihre Religion zu kennen.

Es gibt jedoch viele Religionen.

Religionsgelehrte betrachten die **Religionsgelehrten** aller anderen Religionen als **Irrlehrer**.

Religionsgelehrte sind aber beleidigt, wenn sie selbst **Irrlehrer** genannt werden.

Religionsgelehrte abzuschaffen scheint auch schwierig:

Menschengruppen, die areligiös werden, pflegen aus der Geschichte zu verschwinden.

Menschen funktionieren als **Zivilisten** oder als **Soldaten** – sagt der **Befehlshaber**.

Befehlshaber erteilen eigenen **Soldaten** Befehle.

Befehlshaber betrachten fremde **Soldaten** als **Feinde**.

Befehlshaber bezeichnen ungehorsame eigene **Soldaten** als **Meuterer** oder **Deserteure**.

Befehlshaber befehlen die Bestrafung oder Tötung von **Meuterern**, **Deserteuren** und **Feinden**.

Befehlshaber nennen es Kollateralschaden – oder Massenmord, wenn dabei **Zivilisten** sterben, und das abhängig davon, ob sie selbst oder feindliche **Befehlshaber** die Befehle erteilt haben.

Soldaten gehorchen auf die Dauer nur dann, wenn sie etwas zum Verdauen haben.

Selbstmord-Soldaten hören bei der Ausführung ihres wichtigsten Befehls auf, zu verdauen.

Selbstmord-Soldaten nutzen ihr Gehirn mutmaßlich schon vorher nur eingeschränkt.

Befehlshaber kennen sich mit dem Erteilen von Befehlen aus.

Soldaten können sich rein rechnerisch ihren **Befehlshabern** immer entziehen, wenn sie das, was ihnen befohlen wird, auf ihre **Befehlshaber** anwenden.

Befehlshaber fürchten daher **Soldaten**, die selbständig denken und sich einig sind, weil die **Befehlshaber** wissen, was ihnen dann blüht.

Menschen funktionieren als Schlaraffenland – fühlen die **Bakterien**.

Bakterien können nichts sagen.

Lebende Menschen brauchen „gute Bakterien" als Beschützer vor „bösen Bakterien".

Lebende Menschen geben diesen Beschützern ein Zuhause und Nahrung.

Lebende Menschen produzieren Kot, der etwa zu einem Drittel aus **Bakterien** besteht, die es zum Darmausgang verschlagen hat.

Menschen verschaffen mit ihrem Tod den **Bakterien** die Freiheit, ihre menschlichen Körper zu verdauen.

Bakterien kommen manchmal nicht dazu, die Körper der **Menschen** zu verdauen – etwa weil das Krematorium-Feuer die **Bakterien** daran hindert.

Bakterien kennen sich damit aus, gestorbene Lebewesen zu verdauen und deren Körper wieder dem Kreislauf des Werdens und Vergehens zuzuführen.

Bakterien sind darin sehr gerecht.

Bakterien ist es egal, ob die **Menschen** vorher

Thermodynamiker, Informatiker, Biologen, Jäger,

Sammler, forschende Spieler, Philosophen,

Kapitalisten, Marxisten, Konsumenten, Produzenten, Betriebswirte, Volkswirte, Sklaven, Sklaventreiber, Gläubige, Religionsgelehrte, Eltern, Lehrer, Schamanen, Priester, Irrlehrer, Zivilisten, Soldaten, Befehlshaber, Feinde, Meuterer, Deserteure oder sonst jemand waren.

Diese Gerechtigkeit kann ihnen keiner nehmen.

Bakterien sind dafür zu dumm.

Bakterien können aber etwas, was **Menschen** *nicht* können: **ewig leben**.

Bakterien können sterben und tun es meist auch, aber der Zwang dazu ist ihnen nicht durch ihren Bauplan vorgegeben.

Bakterien sind potentiell unsterblich.

Bakterien erleiden bei der Teilung nicht den Tod.

Bakterien durchlaufen bei der Teilung einen Wandel, ja einen **Jungbrunnen**.

Diesen **Jungbrunnen** hat die Natur schon vor vielen Millionen Jahren erfunden.

Limericks on politics

Gedanken über Politik, Politiker und Poly-Ticker in
(nicht immer perfekten) Limericks auf den • gebracht.

Vorwort

Mit Wut erfüll'n mich Geschichten
in Propaganda-Berichten.
Statt's in mich zu fressen
und schlicht zu vergessen
beschreibe ich's hier in Gedichten.

Voraus Denken

Für neue Regierungen typisch:
Sie seh'n ihre Vorgänger kritisch.
Doch ich denk voraus
und nehm' mir heraus
Kritik bevor sie sonst üblich.

Allgemeines

Rätsel

Es leidet manch homo politicus
an[1] Ductus Neurentericus.
Wer's versteht,
humorvoll gesteht,
wohl zu den andern gehören muss.

Ein Mensch wie eine Unterhose

Obwohl sie von außen bedeckt ist
stellt man fest, dass sie häufig befleckt ist.
Das liegt meist daran
sie schmiegt sich gern an
wo Sauberkeit nicht stets perfekt ist.

---

[1] chronischem

Ein Mensch wie ein Mistkäfer

Im Kothaufen, in seinen Gängen
wird beim Fressen ihn keiner bedrängen.
Doch kommt er mal raus
sieht glänzend er aus
so glatt, dass nichts bleibt an ihm hängen.

Utopia

In einem Land namens Utopia
da ist alles recht wunderbar,
die Demokratie
und nur Harmonie!
Selbst Google weiß nicht, wo das ist oder war.

Altes erweitert

Was Du nicht willst, das man Dir tu',
das füg auch keinem andren zu!
Wer das nicht sieht ein
ist sicher ein Schwein,
Egal, welchen Grund er nennt dazu.

Nazis

Weltweit meinen Nationalisten,
dass sie was besond'res sein müssten.
Doch Evolution
will Variation,
nicht Inzucht nach Art der Rassisten.

Rechts/Links nach rechts

Wer immer nach rechts hin nur strebte,
irgendwie sich dabei noch bewegte
kam netto nicht fort
von seinem Ort
weil er in Kreisen/Spiralen nur lebte.

Links/Rechts nach links

Wer immer nach links hin nur strebte
irgendwie sich dabei noch bewegte
kam netto nicht fort
von seinem Ort
weil er in Kreisen/Spiralen nur lebte.

Diktatur und Intelligenz

Wenn Ameisen, Wespen und Bienen
die Königin sklavisch bedienen,
ist das Diktatur pur
hormoneller Natur.
Da reichen die Hirnchen von Bienen ...

Tausendjähriges Reich

Dumm, wenn in „tausendjährigen Reichen"
die Führer sich selbst bald zerfleischen.
Die Termiten sind schlau,
wenn ihr Volk sowie Bau
tausende Jahre erreichen.

Macht mal Verstand

Mir scheint's im politischen Leben
eine eherne Grenze zu geben:
Da ist Macht mal Verstand
limitiert und konstant,
wobei viele nach Macht allein streben ...

Aufgeblähter Bundestag

Fast immer nach Bundestags-Wahlen
da stiegen die MdB[2]-Zahlen.
„Doch, wir arbeiten dran!"
log man diejen'gen an,
die man zwang, das Spiel zu bezahlen.

---

[2]   MdB: **M**itglied **d**es **B**undestages

Das Ahlener Programm der CDU

Ein Programm aus ganz alten Tagen
hat einst den Aufschwung getragen.
Doch wer denkt noch daran
an das Ahl'ner Programm?
Seinen Fans wird man „Linke!" heut' sagen.

Wirtschaftsliberale

Typisch bei Neu-Liberalen:
sie lassen sich jeden Furz zahlen,
doch ha'm nicht gerafft,
wie man selbst Wohlstand schafft.
Mit Erschnorrtem lässt sich gut prahlen.

Konservative

Sie nennen sich „Konservative".
Real sind sie Dissipative.
Was bringt Stimmen und Macht
das wird wieder gemacht.
Als Taktik 'ne ganz primitive.

Das freie Wort

Political Correctness

Wer's politisch korrekte Wort postuliert
nur Fettnäpfchen-Slalom damit provoziert.
Es erscheint allen recht,
aber manchem wird schlecht:
So wird klammheimlich Zensur induziert.

Geschlechtergerechte Sprache

Gendersprech fordert vernehmlich:
Verlaufsform statt Nomen wenn ähnlich!
Ein Grammatik-Missbrauch,
dazu mehrdeutig auch.
Ich finde das ganz herrlich dämlich!

Inzucht

Wenn mehr der Menschen der USA
wüssten, was heißt „Philadelphia",
sie würden drauf drängen,
es neu zu benennen
bei Prüderie und Correctness da.

Meinungsfreiheit

Wer andern schränkt Freiheit der Meinung ein
ist selbst meist ein machtgeiles Angstbeißerschwein,
kontrolliert was gedacht
vermehrt seine Macht,
gesteht so sein' Dummheit und Ohnmacht ein.

Querdenker

Querdenker glauben zu denken
wenn Gurus mit Sprüchen sie lenken.
Als man demonstriert,
lassen ungeniert
die Rechten sich Redezeit schenken.

Kleinbürger

Untertan, Nazi-Mann, Taliban, jedermann

Wer der Regierung vertraute,
auch Propaganda stets glaubte,
der Denken-Lasser,
der Fremden-Hasser,
bis Krieg ihm dann alles raubte.

Stimmvieh

Sie kreuzte, so lange sie denken kann,
bei Wahlen immer dieselben an.
Doch einmal, oh Schreck!,
der Name war weg!
Da fing sie beim Wählen zu denken an.

Alles Besserwisser

Wenn Anführer von Religionen
ihre Dogmen erklär'n zu Axiomen,
wird Denken bestraft,
die Menschen versklavt.
Das führt zum Tod von Millionen.

Selbstmord-Attentäter

Der brave Märtyrer-Muselman
brachte die Bombe am Körper an.
Es machte dann B_U_U_U_M,
brachte ganz viele um.
Macht sowas himmlische Jungfrauen an?

Puber-Tiere

Typisch bei Puber-Tieren:
Nach Anerkennung sie gieren.
Üben Alte Kritik,
weist es die harsch zurück.
Die Clique soll applaudieren.

Kindesmissbrauch

Der reuige Bischof von Limerick
trat schließlich von seinem Amt zurück.
Kindesmissbrauch vertuscht,
ganze Leben verpfuscht,
viel Wind auf die Mühle der Kirchen-Kritik.

Charakter der Patres: wer fest darauf baute,
der gern ihren Schulen sein Kind anvertraute.
Doch Kindesmissbrauch,
den gab es da auch!
Gar mancher bezweifelt, was er zuvor glaubte.

Wo Priester zum Egotrip kommen
wird Anseh'n und Würde genommen.
Nach kurzer Zeit schon
zerstört's die Religion
zum Schaden von Heiden und Frommen.

Zölibat zwecks Gewinn mit Missbrauchsrisiko

Der Tod von Zölibatären
der lässt die Kirche viel erben.
Den, der dazu bereit,
zum Missbrauche neigt,
führen Ämter mit Macht ins Verderben.

Zwangsbekehrung

Wer Religion setzt als Tötungsgrund ein,
macht so Gott oder Allah nur klein.
Doch habt davor Acht!
So ein Mensch sucht nur Macht,
möcht' selber am liebsten Herrgott sein!

Ängste

Je geiler die Männer im Lande,
so weniger komm'n sie zurande
mit Frau'n ohne Geiz
an weiblichem Reiz.
Das erklär'n sie aus Ängsten zur Schande.

Bürokratie und Justiz

Justiz als Konzerne-Diener

Vor'm Aug' trug Justitia Binden,
um Recht frei von Anseh'n zu finden.
Der heutige Zweck:
ein Display-Versteck,
Konzernwünsche live zu ergründen.

Regelungswut

Eine Regierung mit Regelungswut
erließ eine Paragraphenflut,
die niemand verstand
im ganzen Land.
Sie tat nur den Advokaten gut.

Rechtssicherheit

Bei Naturgesetzen, den schlichten
braucht's keinen Streit vor Gerichten.
Denn vor ihnen ist gleich,
ob wer arm oder reich,
nach ihnen muss jeder sich richten.

Legislative

Wo Menschen Gesetze kreieren
sie Wunschdenken implementieren
von Personen mit Macht,
die's zu was gebracht
und grade die Welt dominieren.

Covid-Pandemie

In Covid-Pandemie-Tagen
begannen Juristen zu klagen.
Jedoch eins ist gewiss:
Paragraphengeschiss
hat Viren rein gar nichts zu sagen.

Wirtschaftsgesetze

In der Krise wollt' die Regierung probieren,
die Wirtschaft per Gesetz zu kurieren.
Die Mathematik ignoriert' Paragraphen,
die Rechenregeln und Zahlen betrafen.
So musste man scheitern und bös sich blamieren.

Missachtung der Opposition

Regierungen schmähen mit Spott und mit Hohn
selbst beste Ideen der Opposition,
die man heimlich kopiert
damit niemand es spürt...
Das zu verändern wär' Revolution.

Bildungspolitik

Bildungsetat als Steinbruch im Haushalt

Ein an der Bildung sparender Staat
ist blöd wie ein Bauer, der frisst seine Saat!
Wem mangelt das Wissen für freie Posten
wird lebenslänglich nur Stütze kosten,
und das ist weit mehr, als man vorher gespart!

Lernfaulheit

Wer lernen soll, kann noch nicht sehen
welche Chancen durch Lernen entstehen,
bleibt gern dumm und faul,
kriminell, großes Maul,
als Loser durchs Leben dann gehen.

Finanzen oder Gier frisst Hirn

Klüngel

Parteien, die sich drum reißen,
dass der Teufel kann ungestört scheißen
auf den größten Hauf',
ich komm grad nicht drauf
wie diese Parteien all' heißen.

Parteispenden

Der Chef vom Geldsäcke-Arschkriecher-Haufen
konnt' vor Kraft nach der Wahl kaum mehr laufen.
Was sind wir doch wichtig!
Bei uns seid Ihr richtig!
Denn uns're Entscheidungen, die kann man kaufen!

Absturz

Sie halfen der reicheren Klasse
wann immer die machten Kasse.
Die kleinen Leut'
waren das leid.
Nun fehlt's der Partei schlicht an Masse.

Daten von Schwarzgeld-Konten

Stolz brachten sie wild entschlossen
ihr Schwarzgeld zu Eidgenossen.
Doch dann, welch ein Schreck
ein Bankdaten-Leck!
Bei Steuern wird scharf nun geschossen.

Warum appelliert ans Gewissen,
wer den Staat um Millionen beschissen?
Die Daten-CD,
die tut richtig weh!
Wälzt angstvoll sich nächtens im Kissen.

Der Parteichef kommt schwer ins Sinnieren:
Man müsste gezielt amnestieren!
Würd jeder verknackt,
der Schwarzgeld gehabt,
wer wird die Partei dann noch schmieren?

Cum-Ex-Banker

Sie ließen sich Steuern erstatten,
die vorher sie nie bezahlt hatten.
So'n Sozialparasit
nimmt, was er kann, mit,
stellt Bankräuber weit in den Schatten.

Kapitalgedeckte Rente

Es war ein Herr namens Riester,
Spargroschen einsammeln ließ der.
Die Inflation
fraß viel davon.
Der Banken Gewinne beließ er.

Bahn-Privatisierung

Die Bahnführung hatte nach Manager-Art
die Bahn-AG gründlich kaputtgespart.
Der Fahrgast empört,
Vertrauen zerstört,
wegen technischer Mängel heut keine Fahrt!

Verwaister Bahnhof

Der Bahnhof von Mainz - fast geschlossen.
Im Stellwerk, da fehlten Genossen.
Das spart Personal
und wurde fatal.
Die Bahnfahrer äußerst verdrossen.

Gier

Großbanker haben mit Gier und Macht
ganze Staaten zu ihren Bütteln gemacht.
Werdet bescheiden!
So kann's nicht bleiben!
Da kippt das Geschäftsmodell über Nacht.

Kolonialismus gestern, heute, morgen
Da, wo man Schätze im Boden fand,
man ergaunerte Rechte oder das Land.
Die Regierung geschmiert,
das Volk drangsaliert,
solange man das profitabel fand.

Moderne Sklaverei
Wer Sklaverei als historisch erachtet
hat nur neue Worte dafür nicht beachtet,
wie Prostitution,
Ein-Euro-Lohn
und Leiharbeit, die heut' als normal betrachtet.

Einst hatten die Sklaven frei Essen,
Sonst konnt' man die Arbeit vergessen.
Heut gibt es Hungerlohn.
Den Rest zahlt die ARGE[3] schon
mit Steuergeld – das ist vermessen!

Der Shareholder
Wer angeblich Geld für sich arbeiten lässt,
der parasitiert in Wahrheit den Rest,
der da dumm und voll Fleiß
von Wirtschaft nichts weiß.
Doch den, der das aufklärt, hasst er wie die Pest.

Verlängerte Werkbank
Produziert wird heute in China.
Die arbeiten billig und prima,
bis die wissen, wie's geht,
dann Spieß umgedreht:
Arbeit hier, überwacht von China.

---

[3] Ehemalige offizielle Bezeichnung für Jobcenter

Der Handel mit den Chinesen
ist lang profitabel gewesen
bis China erwacht',
wollt selbst Geld und Macht,
regiert mit eisernem Besen.

"Wachstums-Beschleunigungs-Gesetz"

Das Schuldenberg-„Wachstums-Beschleunigungs-Gesetz"
hat Kämm'rer von Ländern und Städten entsetzt.
Zum Schachern von Posten
so riesige Kosten!
So wird wohl zur Hyperinflation gehetzt.

Plutoktatie

Manch' Plutokraten bilden sich ein,
Eliten der Demokratien zu sein.
Bis ihr Streben nach Macht
eine Staatspleite bracht'.
Warum fielen so viele Wähler drauf 'rein?

Bimbeskanzler

Recht lang war er Kanzler und selbst an der Macht,
hat durchaus auch einiges Gutes gemacht.
Doch sein Ehrenwort,
nahm viel Ansehen fort,
So hat er's zum „Bimbeskanzler" gebracht.

Warum ließ der Kanzler aus Oggersheim
den eigenen Sohn nicht ins Haus hinein?
Selbst als er schon tot,
wurd' dem Sohn noch gedroht.
Warum denk' ich mir da: „Charakterschwein!"?

Maskierte Geschäfte

Was die Herrn L., N. und S. sich wohl dachten,
als Geschäfte mit Masken sie machten?
Dann flogen sie raus
aus dem hohen Haus,
als das die Medien brachten.[4]

Alter Fuchs aus Sicht der Jungen

Ein Lobbyist wurde vom Enkel gefragt,
was er den ganzen Tag denn so macht.
Als dem Kind er's erklärt,
dem schien's gar nichts wert.
Es hat darüber verächtlich gelacht.

Lobbyistenleiden

Als „seine Partei" verlor Wahlen
erlitt mancher Lobbyist Qualen.
Futsch Einfluss und Macht
wozu er's gebracht.
Nun musst' er neu schmieren und zahlen.

Krieg und Frieden

Afghanistan

Beim Einmarsch ins Land von Afghanistan
da ward dem Volke erst Gutes getan.
Aber dann wurd' es Krieg.
Keine Aussicht auf Sieg.
Was passiert nach dem Abmarsch dann?

---

[4]   Die damaligen Bundestagsabgeordneten Nikolas Löbel (CDU)
und Georg Nüßlein (CSU) sowie der Landtagsabgeordnete
und ehemalige bayerische Justizminister Alfred Sauter (CSU)
kassierten Provisionen von 250 000 €, 660 000 € bzw.
1 200 000 € für die Vermittlung von Geschäften mit Corona-
Schutzmasken.

Manch Rohstoff-Dealer war angetan
von Erzen im Lande Afghanistan.
Die Kämpfe darum
waren teuer und dumm.
Am Ende siegten die Taliban.

Wann wird man je versteh'n?

Wer immer paktiert mit Despoten,
riskiert damit Kriege mit Toten,
wo für Rohstoff, für Geld,
Leben gar nichts mehr zählt!
Drum gehör'n solch Pakte verboten!

Flüchtlinge, Menschen ohne Papiere

Die Menschen ohne Papiere
behandeln Behörden wie Tiere.
Liegt Schwerstarbeit an,
nimmt gern man sie ran.
Sonst pfeift man auf ihre Würde.

Demokratiebewegung am Mittelmeer

In Tunis Ägypten konnt' sehen,
wie's Volk kriegt den Herrscher zum Gehen.
Und man schasst Mubarak,
bis der dann dankt ab.
Wann wird das auch Assad verstehen?

Klimapolitik

Missgeburt

Es kam zusammen viel Prominenz
zur großen Klimakonferenz.
Der Berg kreißte.
Man laberte, speiste.
'Ne Missgeburt, denn am Gelde hängt's…

Der Klimawandelleugner

Sind Klimaprognosen denn richtig?
Und wenn, trifft's andre, doch mich nicht!
Der Wald ist verdorrt.
Dörfer schwemmt's fort.
So teuer? Dann ist es wichtig!

Charakter

Männer

Ein Harem beweist – ist man ehrlich –
die Männer sind großteils entbehrlich.
Doch dann und wann
nehmen Frauen sie ran,
speziell, wenn's neu, schwer und gefährlich.

Diktator

Der Reichtum und Macht einfach holte
und immer mehr davon wollte.
Der Tod wollte ihn.
So schied er dahin.
Das Land sich von ihm dann erholte.

Sarrazin

Herr Sarrazin biss gern in Waden.
Das konnte manch Weichei nicht haben.
Das Volk klatscht Applaus.
Die Bank drückt ihn raus.
Wer hat wohl am Ende den Schaden?

Österreicher

Aus Wien kam ein Mann namens Strache.
Bescheidenheit war nicht seine Sache.
Seine Machtgier war groß.
Man stellte ihn bloß.
So nahm das Schicksal schwer Rache.

Trumpeltier[5]

Ein übler Narzisst ist geraten
zum Chef der Vereinigten Staaten:
Wie gern teilt der aus.
Bei Kritik flippt er aus.
Prahlt viel mit bescheuerten Taten.

Der Obertürke

Der eitelste aller Osmanen
konnt' Groll gegen sich langsam ahnen.
Wer ihn nicht hofiert,
wird dreist inhaftiert,
selbst die besten der Untertanen.

Er sah sich als türkischer Sultan.
Das ließ sich 'ne Weile lang gut an.
Die Wirtschaft stürzt ab.
Das Geld wurde knapp.
Da gab er nur anderen Schuld dran.

B aus I[6]

Ein geiler Greis aus Italien
war Herr über fast alle Medien.
Sein Charakter kam raus,
war vielen ein Graus.
Da kippte die Stimmung klar gegen ihn.

Ihm, der gerne Gesetze frisierte,
jemand gründlich die Fresse polierte.[7]
"Schönheits-OP" ganz schnell
Mit Mailänder Dom statt Skalpell!
Der Anblick durchaus amüsierte!

---

5   **Trumpeltier:** Donald John Trump
6   **B aus I:** Silvio Berlusconi
7   Am 17. Mai 2010 attackierte ein 42-jähriger Silvio Berlusconi
    mit einem Modell des Mailänder Doms und brachte ihm einen
    Anbruch des Nasenbeins und eine Wunde an der Lippe bei.

K-T Freiherr zu G[8] (alias Dr. Control C)

Zu G konnt' partout nicht kapieren:
Kopiertes, das ist zu zitieren.
Das stellt GuttenPlag klar.
Der Skandal offenbar.
Manch Spötter den Rücktritt guttieren.

Control C sich auch da nicht genierte,
dass für Wirecard er lobbyierte,
als längst vielen klar,
dass betrügerisch war,
wie sehr man Bilanzen frisierte.

Geiler Geld-Guru vom IWF

DSK[9] voll von Testosteronen,
selbst die Putzfrau konnt' der nicht schonen.
Die hat rasch geklagt,
und es kam zum Eklat.
DSK musst' in Hausarrest wohnen.

Der Law-and-Order-Mann[10]

Der „Law-and-Order-Mann" setzte sich ein
für Schwarzgeld-Transfers via Liechtenstein.
Die Parteikasse brummt
bis ertappt er verstummt.
Selbst vorbestraft sah er die Fehler nicht ein.

---

[8] K-T Freiherr zu G: Karl-Theodor Maria Nikolaus Johann
Jacob Philipp Franz Joseph Sylvester Buhl-Freiherr von und zu
Guttenberg
[9] DSK: Dominique Gaston André Strauss-Kahn
[10] Manfred Kanther, Bundesinnenminister unter Helmut Kohl

Bischof H.P. T.v.E.[11]

Er lebte auf ganz großem Fuße,
flog First Class ganz ohne Buße.
Kirchenvolk protestiert,
was ihn wenig tangiert.
Seit dem Rücktritt hat er viel Muße.

Rentamtsleiter[12]

Beim Rentamt des Bischofs in Hadamar
war lange der Grund für die Miesen nicht klar.
Als man prüft die Bilanz,
da verstand's keiner ganz.
Bis man sah, dass der Chef der Veruntreuer war.

Kölscher Klüngel

Was Planer in Köln sich wohl dachten,
als Pläne zur U-Bahn sie machten?
Erst ein Kirchturm pottschief,
dann sackt ein das Archiv,
Gibt's bei Hochwasser U-Bootgrachten!?!

Altkanzler Schröder

Der Vorgänger Merkels im Amte
sich später zu Putin bekannte.
Der SPD
tat er sehr weh.
Manch Ehefrau weg von ihm rannte.

Präsident Vladimir Putin

Einst wechselte Vladimir Putin
vom KGB weg zum Kremlin.
Wer da stört seine Macht
wird schon mal umgebracht,
denn Opposition nimmt er nicht hin.

---

[11] **Bischof H.P. T.v.E.:** Franz-Peter Tebartz-van Elst
[12] Werner Jung-Diefenbach

Was Putin – vergreist – nicht kapierte:
sein Geist aus dem Kopf desertierte.
Was dann darin blieb
war Machtgier und Trieb,
was zu tierischem Krieg ihn verführte.

Der Machtmensch

Wer Widerspruch nicht kann ertragen
wird Ja-Sager nur um sich scharen.
Die sagen auch „ja",
wo gar nichts mehr wahr.
Das führt zu System-Versagen.

Gesundheitspolitik

Schweinegrippe

Es wurden zwei Sorten von Impfstoff bestellt,
damit sie das Volk und die Führung erhält.
Warum muss das sein?
Ja weil doch ein Schwein
sich nicht medizinisch wie Homo verhält.

Covid-19

Das Covid-Virus aus Wuhan
kam bald in der ganzen Welt an.
Millionen sind tot,
doch China, das droht:
Weh dem, der sagt, China sei schuld dran!

Der Deutsche und sein Automobil

Verwunderung

Sind Bremsen defekt, sieht man rötlich.
Mit Vollgas, das klemmt, wird's dann tödlich!
Die Rückrufaktion
macht nachdenklich schon,
sagt ein Warnhinweis „Nichts ist unmöglich!"?

Abwrackprämie

„Zum Abwrackgeld", sagten sich viele,
„gebt uns sparsame Automobile!"
Auf mal stöhnt laut,
wer PS-Monster baut,
die Premium-Protzomobile.

Olympia

Der Zweck von Olympiaden

Der Trend geht bei Olympiaden:
zu sportlich verbrämten Fassaden:
Propaganda und Geld
das ist es, was zählt.
Die Sportler haben den Schaden.

So kann es enden ...

Eroberer

Wer fremde Gebiete besiedelt,
sich selbst hinter Schranken verriegelt,
der sollte versteh'n,
es wird stets gescheh'n,
dass Hass auf ihn künftig besiegelt.

Dekadenz

Wer andre sich macht zu Sklaven
muss ihnen Know-how übertragen.
Die Konsequenz
solcher Dekadenz:
Die Sklaven bekommen das Sagen.

Erfundenes Leiden

Das Mittags-Licht harmlos am Wolfgangsee
doch Fernseh-Licht abends tut heftig weh?
So'ne Lichtallergie[13],
die gab's bisher nie!
Der das publizierte erfuhr sehr viel Schmäh.

Der Tod des F-J S[14]

Nie kleinlaut zu Kreuze gekrochen,
beim Jagen zusammen gebrochen,
stürzt sich Leibwächter drauf,
bläst den Magen voll auf.
So starb er an was er (v)erbrochen.

Das Ende von Bin Laden

Bin Laden, der predigte Hassen,
war jahrelang nicht recht zu fassen.
Sein Versteck ward entdeckt,
er selbst hingestreckt.
Jetzt muss er das Predigen lassen.

Der umstrittene Bundespräsident[15]

Herr W sich lang nicht bekannte
zu Schnorrer-Geschäften im Amte.
Man kam ihm darauf
denn „Bild" deckte auf,
was ihn zum Politclown verdammte.

---

[13] Der Presse wurde mitgeteilt, Hannelore Kohl leide an einer Lichtallergie, statt ihre Depression beim Namen zu nennen.

[14] F-J S: Dr. Franz Josef Strauß starb an Lungenverätzung durch Erbrochenes, das ihm ein Bodyguard-Ersthelfer bei einer Mund-zu-Mund-Beatmung in die Lunge gepresst hat.

[15] Herr W: Christian Wilhelm Walter Wulff

Philosophisches

Eigentor

Der Mensch baut stets neue Maschinen,
dass die immer mehr ihn bedienen,
bis er nicht mehr versteht
ihre Komplexität
sich so macht zum Haustier von ihnen.

Begrenzung des Wissens

Der Mensch lebt mental im Gefängnis,
weil's Limit des Wissbaren eng ist.
Sieh zu, dass Dein Knast
zur Persönlichkeit passt.
Die Psyche kommt sonst in Bedrängnis.

Botschaft des Schöpfers

Die Schöpfung: Davon nicht zu trennen,
was wir meist Naturgesetz nennen,
wie die Logik, Physik
und die Mathematik,
worin sich Gott lässt erkennen.

Dankbarkeit

Ich bin meinem Schöpfer dankbar,
weil's Leben so interessant war,
an friedlichem Ort,
mit gutem Komfort,
und weil's global geseh'n lang war.

Pflanzen, die unverstandenen Wesen[16]

Manch Pflanze träumt, sie wäre ein Schwein
und könnte im Blick von Tierschützern sein.
Dann müsste der Gärtner die Pflanze betäuben,
bevor er beginnt, die Blüten zu schneiden.
Getreideernte würd' ausgesetzt
wegen Embryonenschutzgesetz.
Holzfällen würd' genau so verboten,
wie im Sägewerk das Zerstückeln von Toten.

Wir können Pflanzen nicht verstehen,
wie scheinbar sie auf dem Kopfe stehen.
Sie trinken Wasser mit einem Mund
unten tief im Untergrund.
Und Pflanzendurst kann riesig sein:
Manch Baum zieht am Tag tausend Liter rein!
Auch was sie an Mineralen bedürfen,
pflegen sie tief im Boden zu schlürfen.
Und wenn sie chemisch kommunizieren
muss das oft unterirdisch passieren:
wo die Pflanze Nachbarn und Pilze berührt,
werden chemisch intime „Gespräche" geführt.

Der Mund, von uns auch „Wurzel" genannt,
dient gleichzeitig dem festen Stand,
muss zusätzlich also Fuß und Bein
und Teil des Pflanzen-Skelettes sein.
An Gehen damit ist nicht zu denken,
versunken im Boden und mangels Gelenken.

---

[16] Die im Folgenden angesprochenen Eigenarten von Pflanzen treffen besonders auf die höheren Pflanzen (Angiospermen = Bedecktsamer) zu.

Um zu erreichen, wozu Tiere scheißen,
lassen sich Pflanzen Blätter abreißen.
Die Blätter als Hintern hoch exponiert,
weil Photosynthese sonst nicht funktioniert.
Wasser lassen und Atmung find' statt
durch Stomata im Pflanzenblatt.
Millionen davon, kontrolliert im Verschluss,
wann immer Wasser gespart werden muss.
Doch Wasser verhalten bedeutet auch:
es kommt keine Luft in den Pflanzenbauch.

Die Pflanze lebt nicht vom Nahrungsverbrennen,
wie wir's von uns und den Tieren kennen.
Mineralien, Wasser, Luft und Licht,
mehr brauchen Pflanzen zum Leben nicht.
Mit Licht wird Wasser aufgespalten
in Sauerstoff, den andre erhalten,
und Wasserstoff, der auch entsteht
und in Kohlehydrat-Synthese eingeht.
Dazu CO_2, aus der Luft extrahiert,
daraus Zucker und Stärke synthetisiert.
Der Ort, wo all dies findet statt,
ist das Grün der Pflanze, besonders das Blatt.
Das Wunderwerk Blatt ist so zu versteh'n
als „Bauch-Arsch-Lungen-Verdauungssystem".

Der Bauch, beim Tier meist geschützt getragen,
muss bei den Pflanzen lichtwärts ragen.
Noch auffälliger exponiert
sind Pflanzenblüten positioniert.
Pflanzen haben beim Sex das Problem,
sie können nicht zum Rendezvous geh'n.
Wenn Wind die Pollen transportiert,

ist riesiger Streuverlust vorprogrammiert.
Besser ist es, auf Tiere zu setzen,
wie Insekten, die durch die Lüfte hetzen,
die man mit Nektar locken kann,
dass sie den Transportjob nehmen an.
Bei viel Konkurrenz, da fällt es schwer.
Wie lockt man die Bestäuber her?
Zeig den Tieren – wenn's geht von Ferne –
hier sind Blüten, da schleckst Du gerne!
Doch weil Insektenaugen klein,
können sie sonderlich scharf nicht sein.
Drum werden Blüten größtmöglich voll Pracht,
bunt und gut wiedererkennbar gemacht.
Wobei manch Pflanze, der das noch nicht reicht,
ihre Eigenart noch durch Duft unterstreicht.

Und was treibt der Mensch, dieser Pseudo-Ästhet,
wenn voll ignoranter Obszönität
er Schnittblumen in die Vase stellt
und das noch für Ausdruck von Hochkultur hält,
wenn er Pflanzen die Genitale abschneidet,
sich dann noch an deren Anblicke weidet?
Dann schaut solch Mensch ein paar Tage darauf,
bis Welke und Fäulnis fallen auf,
wirft die Blüten zum Biomüll,
und schon wiederholt sich das ganze Spiel.
Solch „Pflanzenporno" ist derart beliebt,
dass er Gärtnern ihr Geschäftsmodell gibt.
Selbst der Staat hat Interesse dran,
setzt geringere Mehrwertsteuer an.

Welchen Menschen ist klar, was sie treiben,
wenn sie sich Brot und Bier einverleiben?

Milliardenfach Embryonenmord!
Und das seit der Steinzeit in einem fort!
Getreidekörner und Pflanzen-„Samen"
bekamen vor langer Zeit ihre Namen.
Wer botanisch korrekte Bezeichnungen liebt,
dem Wort „Pflanzen-Embryo" den Vorzug gibt.

Solch Wortklauberei ist Pflanzen egal,
für sie zählt beim Nachwuchs die schiere Zahl.
An „Samen" bringt's manche Birke schon
auf zehn Millionen pro Saison,
wobei von allen, die sie streut im Leben,
nur durchschnittlich zwei neue Bäume ergeben.[17]
Und manche Art plant regelrecht ein:
Vorm Keimen muss Darmpassage sein.
Drum sind Äpfel, Birnen und Kirschen bereit
zu umhüllen die „Samen" mit leckerem Kleid,
um Taxi-Tieren den Dienst zu versüßen,
bis sie „Samen" anderorts ausscheid(ß)en müssen.
Wo, und ob „Samen" dann keimen kann,
kommt auf sehr viele Zufälle an.
Selbst bei dem Zufall mischt Pflanze noch mit,
wenn's bei denen, die Obst essen, viel öfter drückt ...

Pflanzen gelingt es weit besser als Tieren
Amputationen zu regenerieren.
Besonders Gräser reagieren gelassen,
wenn Tiere die Halme als Mahlzeit auffassen,
oder wenn Menschen mit Ordnungswahn
rücken mit Rasenmähern an.
Vom obersten Knoten, der verblieben,
können sie weiter den Halm nachschieben.

---

[17] Birken sind einhäusig getrenntgeschlechtlich

40 Pflanzen, die unverstandenen Wesen

Wer Pflanzen als Standort-gebunden betrachtet,
hat ihre Wanderlust nicht beachtet.
Bei vielen Arten ist's nicht lange her,
dass sie einst kamen über das Meer,
dass Mais, Kartoffeln und Tomaten
die Reise nach Europa antraten.
Kaum wegzudenken vom Speiseplan
baut der Mensch sie heut weltweit an.
Der Mensch hat sie über das Meer gebracht
in Booten aus toten Pflanzen gemacht,
aus Teilen von Bäumen der Rumpf und der Mast,
dran Segel aus Hanf oder Leinen gepasst.

Folgende Gedanken – wenn auch fiktive –
zeigen die Pflanzen-Perspektive,
zum Beispiel von Massenanbau-Tomaten,
aus dem Gewächshaus, nicht aus dem Garten:

„Das Glashaus-Leben ist mir ja recht,
das meiste davon nicht wirklich schlecht.
Dünger, Wasser, Temperatur
sind ja vom allerfeinsten nur.
Kommt Pilz oder Blattlaus ins Glashaus hinein,
schreiten die Menschen sofort ein.
Lassen wir uns mal müde hängen,
stützen sie uns mit Prothesen-Gestängen.
Helfen diskret bei Pflanzensex-Dingen
mit Hummeln als Sex-Arbeiterinnen
Trotzdem sollten wir noch mehr Menschen verleiten,
jede Mahlzeit mit Ketchup zuzubereiten!
Das wäre für unsere Art recht schlau,
fördert es doch den Tomatenanbau.
Dann könnten wir Menschen dazu zwingen,

noch mehr Komfort für uns zu erbringen.
Die haben uns zwar schon reichlich verwöhnt,
doch schaden tut's nicht, wenn man trotzdem stöhnt.
So geht mir die Sippschaft, von der's hier viel hat,
mit ihrem Gedränge auf Wurzel und Blatt.
Das dauernde Duftunterhaltungs-Gebrüll
ist mir auf die Dauer viel zu viel.
Vielleicht weil's so windstill ist hier im Haus,
schreit irgendwer immer irgendwas 'raus.
Ich denk', dass die Menschen, die Individualisten,
von sich aus doch eigentlich merken müssten:
Ich will viel mehr Platz, ganz individuell,
und das, egal wie, Hauptsache schnell.
'Ne Kabine im Glashaus, das ist mein Ziel,
mit Wänden, die weggehen, wenn ich das will."

Hier wurde gezielt und mit Bedacht
die verwöhnte Tomate zum Thema gemacht.
Um darin gewisse Menschen zu sehen,
muss man nicht viel von Pflanzen verstehen.
Was hier der Pflanze unterstellt,
gibt's durchaus auch in der Menschenwelt.
Wem's derartig gut geht, und der immer noch stöhnt,
wird meistens von andern belacht und verhöhnt.

Hingegen sind echte Pflanzen bescheiden.
Der Mensch merkt kaum, ob und wenn sie leiden.
Dem Menschen ist Pflanzen-Duftsprache fremd.
Er merkt erst was, wenn das Blattwerk schlaff hängt
oder beginnt, sich verdächtig zu färben.
Doch dann liegt die Pflanze meist schon im Sterben.
Dass Pflanzen Reize, Verletzungen spüren
und darauf erstaunlich gezielt reagieren,

ist wissenschaftlich wohl etabliert,
doch eins hat dabei kaum interessiert:
Kann solch Reiz-Reaktions-Geschehen
auch mit Empfindung von Leid einhergehen?
Wir Menschen haben keinen Plan,
wie Pflanzen-Leid funktionieren kann.
Sollt' wer beweisen, dass Pflanzen leiden,
wenn wir sie ernten oder beschneiden,
wenn wir sie, wo sie uns nicht nützen,
mit Pflanzenvernichtungsmittel bespritzen,
entstände daraus mutmaßlich schnell
ein neues Juristen-Geschäftsmodell
zum Tatbestand „Pflanzenquälerei",
der dringend zu regulieren sei.
Wo genau zu begründen ist,
warum man welch Kräutlein schneidet und isst.

OK, das ist nur ein Albtraum von mir,
doch das mit den Mäusen ist Tatsache hier:
Da beratschlagt eine Ethik-Kommission
vor jeder Labormäuse-Aktion.
Doch wenn Katz', Eule, Füchse Mäuse fressen,
kann man Papierkram getrost vergessen.
Womit empirisch bewiesen is'
nur der Mensch macht um Tierschutz so ein Geschiss.
Das sagt nicht etwa, dass Tierquälerei
in welcher Form immer gerechtfertigt sei!
Wenn Emotion die Regie übernimmt,
hat Vernunft sowieso meist ausgedient.

Da lebt wer aus Tierschutzgründen vegan,
doch schafft sich aus „Tierliebe" Katzen an,
die sich dann gerne an Singvögeln laben;

pro Jahr halb so viel wie wir Einwohner haben.
Egoistisch esse ich selbst lieber Fleisch
bevor ich's Fleischfresser-Haustieren reich'.

Doch Tierschutz scheint eh nur zu funktionieren
mit im weitesten Sinne „niedlichen" Tieren.
Zu Spinne, Bandwurm, Zecke, Laus
lassen sich Tierschützer ungern aus.
Solch Tierschutz beruht, wie ich denke nur
auf romantisch verkitschter Sicht der Natur.

Ansonsten bestimmen Profitsucht und Gier,
wie Menschen umgehen mit dem Getier.
So passen sich Menschen die Umwelt an,
zu rasch, als das Leben sich anpassen kann.
Ein Artensterben, wie's der Mensch produziert,
ist erdgeschichtlich nur selten passiert.
Besonders dreist ist da in der Tat
der Masseneinsatz von Glyphosat,
von Nutzern Pflanzen-„Schutzmittel" genannt
ist's der größte Pflanzenkiller im Land.
Der Größenwahn erschließt sich schnell,
betrachtet man das Geschäftsmodell:
Das stärkste Pflanzengift, das man hat,
macht fast alle Pilze und Pflanzen platt.
Die Nutzpflanzen chemisch umgebaut,
da wurde auf Gentechnik vertraut.
Die Pflanzen sterben – so wie man es will.
Nur Nutzpflanzen[18] tut das Gift nicht mehr viel.
Die pflanzte man wider alle Natur

---

[18]z.B. Mais (*Zea mays*), Raps (*Brassica napus*), Sojabohne (*Glycine max*), Zuckerrübe (*Beta vulgaris*), Luzerne (*Medicago sativa*), weißes Straußgras (*Agrostis stolonifera*), Baumwolle (*Gossypium hirsutum*)

oft Fruchtfolge-frei in Monokultur.
Da hat man bei aller Raffgier verpennt:
Das glich einem Riesenexperiment
zur Frage, wie lange es wohl geht,
bis Glyphosat-Resistenz entsteht.

So fiel dann wenige Jahre drauf
auch dem letzten Bauern auf:
Da kommen Super-Unkräuter her,
denen macht Glyphosat gar nichts mehr,
und die mindern – je nach Schlag –
bis drei Viertel vom Nutzpflanz-Ertrag!
Es bleibt nicht nur beim Ernteausfall.
Auch die anderen Schäden sind fatal.

Vergiftete Bienen finden nicht heim.
Den Imkern gehen die Völker ein.
Der Boden, oft monatelang ganz nackt,
wird von der Erosion gepackt,
die fruchtbare Krume ungehemmt
von Wind und Wasser davon geschwemmt.
Was sonst den Boden festhalten kann,
Wurzeln und Pilze, die dann und wann
in gesunden Böden darauf warten
„Wann können wir neues Wachstum starten?",
sie alle holte die Ernte heraus.
Dem Rest macht Glyphosat den Garaus.

Dann ist der Boden so ausgelaugt,
dass er nur noch als Bauland taugt.
Was machen diejenigen, die da bauen?
Sie pflastern und schaffen Gärten des Grauen!
Ihr seid nicht sicher, was ich damit meine?
Da gibt's statt Pflanzen Schottersteine,

weil das – so hat man sich gedacht –
vermeintlich weniger Arbeit macht.
Glaub aber nicht, so ein Schotter, der sei
auf längere Dauer pflegefrei!
Denn genau hier schließt sich der Kreis.
Wie ich von Erfahrungen anderer weiß,
gehen Pflanzen hier zu Werke
mit ihrer ganz besonderen Stärke:
Den Staub in den Ritzen, Regen und Licht
mehr brauchen sie zu Anfang nicht.
Flechten mit ihren Symbiosepilzen
können selbst nackten Stein verfilzen,
haften äußerst fest daran,
ätzen ihn mit Säuren an,
wodurch sie ihn mineralisieren
und Pflanzendünger produzieren.
Dann fressen sich „Unkräuter"-Wurzeln hinein
durch Folie, die Schutz davor sollte sein.
Wer sich das, was folgt, nicht vorstellen kann,
fährt einfach viel zu selten Bahn.
Aus alten Gleisen, die aufgelassen,
wachsen da Sträucher und Bäume in Massen.
Wo keiner einschreitet, wuchert bald
über Gleisen und Schotterbett dichter Wald.

Bilden wir Menschen uns etwa ein,
wir könnten Herrscher der Pflanzen sein,
ist es in Wahrheit grad anders herum:
Wir kämen ohne Pflanzen rasch um.
Denn wie sollten wir ohne Pflanzen leben,
die Tier und Mensch alle Nahrung geben?
Eine Welt, in der viele Pflanzen waren,
nicht aber Menschen, gab's Millionen von Jahren.

Drum kommt, rottet der Mensch sich einst aus,
dabei der Normalfall wieder heraus.

Der letzte Mensch wird ein Unikum:
Irgendwann liegt seine Leiche herum.
Begraben zu werden ist der nicht vergönnt,
weil kein Mensch mehr da ist, der's machen könnt'.
Sollte sich das auf Erden zutragen,
wage ich vorherzusagen:
Ohne eines Gärtners Mühen
werden bald Pflanzen darüber blühen ... .

Gedanken zum Thema Religion

Religion? Religion, wer braucht die schon?
Gefühlsgedöns und Tradition.
Viele fragen sich schon seit langem:
„Was ist mit Religion noch anzufangen?"
Wer modern sein will, hält sich da raus
und schüttet das Kind mit dem Bade aus.

Hier einige Argumente dagegen,
sich noch mit Religionen abzugeben:
Wenn Riten und viel Hokuspokus gemacht,
hat das eigentlich je was gebracht?
Widersprüchlich-dogmatische Reden,
Mythen, die speziell denen viel geben,
die sich als Hüter von Wissen gerieren,
das sie stets zu verbreiten probieren.
Manch Pope, Imam oder Rabbiner
ist nämlich ein echter Schlawiner:
Weiß, wie man Vertrauen gewinnt,
am besten beginnend schon beim Kind,
setzt Kinder Verstümmlung und Missbrauch aus,
oder macht Kindersoldaten d'raus,
traumatisiert sie dabei so eben
für den Rest von ihrem Leben.

Das, was man hört in Kindertagen,
kann man nicht wirklich hinterfragen.
Ein Kind glaubt, weil eig'ne Erfahrung fehlt,
zunächst alles, was man ihm erzählt.
Und weil für Kinder fast alles neu,
glauben sie es gern wortgetreu.
Falls sie merken, dass sich was widerspricht,
wird es als Wunder von Gott aufgetischt,

Strafen angedroht jenen, die's wagen,
solch Gotteswunder zu hinterfragen.
Unerwünscht ist eigenes Denken,
denn Denkende sind nicht leicht zu lenken.
Gewünscht ist Kadavergehorsam, so in der Art,
wie man ihn findet im Ameisenstaat.
Erfreulicher Nebeneffekt dazu:
Wer glaubt, wird leicht Stimmvieh der CDU
oder lässt sich gar überreden,
für den Dschihad sein Leben zu geben.
Gern wird der Blick auf Menschen gelenkt,
die einst ihr Leben „Gott geschenkt",
besonders wenn sie schon lange verstorben.
Dann bleibt nämlich im Detail verborgen,
was posthum auch den zum Heil'gen erhebt,
der tatsächlich ziemlich profan gelebt.
Und starb solch Mensch dann irgendwann,
so dass man's als Aufopf'rung ausgeben kann,
erklärt man ihn flugs zum Märtyrer,
ders Leben gab für den Glauben her.
Den macht man zum Vorbild und suggeriert nun,
es für Gott solchen „Helden" gleich zu tun.

Und ist der Glaube nicht soo radikal:
Um Spenden zu geben reicht's allemal.
Manch Bischof, Papst, Sultan oder Imam
lebt gut von dem Geld, das von Gläubigen kam,
baut den ein oder andren Palast,
selbst wenn er dafür von vielen gehasst.
So sind sie, man muss sie nicht drum beneiden,
kaum von gierigen Bankern zu unterscheiden,
Verhalten wie bei den Alphatieren,
welche die Staaten der Welt regieren.

Die predigen Wasser, selbst saufen sie Wein,
und mancher Naivling fällt darauf rein.
Wählt selbst, wo Demokratie funktioniert,
just den, der zum Sklaven ihn degradiert,
lässt sich in seiner Dummheit verleiten,
dem Teufel die Wege zu bereiten,
dass dieser, wie er's schon immer getan,
auf den größten Haufen scheißen kann …

Geh'n wir von Wirtschaft und Politik
zum Thema Religionen zurück.
Zufällig war die Abschweifung nicht,
manch Herrscherhaus und manches Gericht
setzt stillschweigend immer noch voraus,
seine Macht geht von Gottesgnadentum aus.

Religiöse Führer mit weltlicher Macht,
da hat man sich lange nichts bei gedacht.
Wer immer dagegen aufbegehrt,
wird sogleich mit Zitaten belehrt,
aus kanonischen Werken zitiert,
deren Autor angeblich niemals irrt,
mit Lehren, die zu Dogmen gemacht,
wiewohl sterbliche Menschen sie erdacht.
Die Frage ist: Was trieb die an?
Erscheinungswunder oder ein Wahn?
Will man das sachlich hinterfragen,
bleibt wegen des Zeitabstands vieles im Vagen.
Zwischen Affen und Jetztmensch gab's eine Zeit,
da waren die Sippenmitglieder bereit,
auf Worte von Schamanen zu bauen,
ihnen Vorsprung im Wissen zuzutrauen,
so dass sie die Antwort auf das, was sie fragten,

kaum einmal zu bezweifeln wagten.
Das gab dem Schamanenstand, wie das so geht,
per Amt beträchtliche Autorität,
wobei – das merk ich hier explizit an –
Schamane durchaus auch weiblich sein kann.
Ihr Ratschlag kam oft allein aus dem Bauch.
Trotzdem wirkt das, wie man heute weiß, auch
– und das sogar bei Tieren schon –
durch Placeboeffekt und Suggestion.
Dazu kommt, manch Simpel gibt sich zufrieden,
wird ihm was von Amtes wegen beschieden.
Heut' haut man Textbausteine raus,
bildet Pressesprecher im Nichts-Sagen aus.
Zur Schamanenzeit lief's nicht so banal,
da erfand man für so was ein Ritual.
Lief dann was nicht so, wie vom Bitter erhofft,
beschied man dem dann einfach oft:
„Streng Dich mehr an, hab mehr Geduld!"
oder „Du stehst nicht recht in Gottes Huld!"
Fast niemand sagte je was dagegen.
Ideen-Geschwurbel, kaum zu widerlegen.
Nur über eins war'n sich alle im Klaren,
dass Schamanen nie Grund für ein Unheil waren.
Waren Schamanen lange schon
Arzt, Priester und Richter in einer Person,
zwang der Zuwachs an Menschheitswissen
das Amt auf mehr Köpfe verteilen zu müssen.
So kam's, dass religiöse Lehren und Mythen
schon vor sehr langen Zeiten erblühten,
sich weiter verbreiteten im Land,
als Schrift noch weitgehend unbekannt,
als Menschen das, was sie damals wussten,

Nachkommen mündlich erzählen mussten.
Doch jede mündliche Tradition
wirkt zwangsläufig auch als Filterfunktion,
bis irgendwer, der sich interessierte,
und des Schreibens mächtig, die Ideen fixierte.

Zeit fürs Lernen von Schreiben und Lesen
ist lang Privileg von Eliten gewesen.
Trotzdem waren Schreiber durchaus bereit,
zu notieren Kritik an der Obrigkeit.

Mit Schrift wird Wissen für länger fixiert.
Doch wer sich darauf verlässt, der irrt,
denn Schrift, die keine Leser mehr hat,
ist unverständlicher Zeichensalat,
bestenfalls mit viel Probieren
von Historikern zu dechiffrieren.

Wo's tausende von Sprachen gibt,
Übersetzung stets den Sinn verschiebt.
Als Mittel, um dies Problem zu umgehen,
werden Übersetzungsverbote gesehen.
Drum wird gern aus alten Schriften zitiert,
die kein Lebender mehr richtig kapiert.
Auch Sprachen, die heute noch gesprochen,
verändern sich dabei ununterbrochen.
Worte wandern im Klang- und Bedeutungsraum,
sie in Schrift zu fixieren, hilft da kaum.
Wann immer Religionsführer animieren,
kanonische Urtexte zu zitieren,
in Ursprungssprache und wortgetreu,
wird der Sprecher zum Papagei.
Und das bildet trefflichen Untergrund
für des Zeitgeistes mentalen Schund,

schafft gruppendynamisch ein Wir-Gefühl,
Außenseiter gelten nicht viel.
Das erzeugt Feindschaft, das erzeugt Hass,
Mord gar an dem, der nicht angepasst.
Der Hass des Fanatikers trifft ganz bestimmt
den, der Religionslehren nicht wörtlich nimmt.
Und widerlegt ihn die Empirie,
reagiert er mit wütender Hysterie.
Selbst Inquisition ändert nichts daran,
ebenso wenig wie Boko Haram:
Fakten negieren ist jederzeit
ein Zeichen geistiger Hilflosigkeit.

Die wissenschaftliche Rangehensweise
ist eine das Ziel nie erreichende Reise,
auf der Logik und Experiment garantiert,
dass alles zum selben Punkt konvergiert.
Grad' Falsifizieren macht dabei klar,
was eine geistige Sackgasse war.

Mit Empirie lässt sich auch belegen,
wie Religionen Menschen auch Gutes geben.
Zu vielen typischen Lebenslagen
versuchen Religionen was zu sagen.
Und sei es Trost, der auf Mythen beruht,
manch geschundener Psyche tut das gut.

Ihren Anhängern geben die Religionen
nebst Mythen zahlreiche Konventionen,
Regeln, befolgt ohne nachzudenken,
die ganz alltägliche Handlungen lenken.
Die Regeln, tief verinnerlicht,
merkt man erst, wenn wer damit bricht.
Man nimmt sie „gottgegeben" hin,

denkt nicht groß nach über ihren Sinn.
Man lernt sie als Kind, religiös verbrämt.
Wer dagegen verstößt, gilt als unverschämt.
Wo jeder ahnt, wie der andere tickt,
vermeidet das so manchen Konflikt.
Wie Gesetze zu Links- und Rechts-Verkehr,
ohne die stets zu verhandeln wär',
wer weicht nach links oder rechts hin aus.
Ungeregelt lief's oft auf Crash hinaus.

Was man so immer wieder tut,
geht einem über in Fleisch und Blut.
Was alle tun, was alle sagen,
pflegt keiner mehr zu hinterfragen.
Was alle tun, das muss richtig sein,
das spart Denken, das lullt ein.
Drum folgen auch solche Menschen schnell,
die geistig nicht besonders hell.
Die stachelt man an, sich zu überbieten:
Wer vollzieht am frommsten die Riten?
Oder, und vor allen Dingen,
wer wird das größte Opfer bringen?
Religionen schränken die Anhänger ein,
gebieten häufig „Lass dies und das sein!"
Verankern so eine Art von Wissen,
das Heiden stets neu erfinden müssen,
weil sie den Einschränkungen nicht trauen,
die ihnen vermeintlich das Leben versauen.
Betreffend Fairness, Wohlstand, Lust und Geld,
wird sich gern besser als andere gestellt,
wird schnellem Glück hinterher gehetzt,
mit gierigem Blick nur fürs Hier und Jetzt.
Das Reptilienhirn-Belohnungssystem

kann nicht den Langfrist-Nutzen seh'n.
Die Folgen treten oft später ein
und können durchaus tödlich sein.
Die Verursacher trifft's vielleicht noch nicht schwer,
Kinder und Enkel dafür um so mehr,
hat man Inzucht in Kauf genommen,
um gierig bequem an Erbe zu kommen,
sind Äcker und Meere von Gift überschwemmt,
Arten vernichtet ganz ungehemmt.

Gläubige fühlen sich stets observiert,
von göttlichen Wesen diszipliniert,
die Strafen schicken und Seligkeit schenken,
Schicksal spielend die Lebenden lenken.
Wer derlei zum Teil seines Weltbilds gemacht,
ist automatisch darauf bedacht,
sich stets ein wenig zu disziplinieren –
zumindest so weit's auch die andern probieren.

In der Summe vermeidet das Neid,
damit verbund'nen kraftzehrenden Streit.
In Menschen-Gemeinschaften ohne Religion
reicht oft der kleinste Anlass schon,
um Hackordnungskämpfe zu entfachen,
die einerseits niemanden glücklich machen,
andrerseits Hirnschmalz und Kräfte binden
und zudem kaum ein Ende finden,
weil jeder versucht, ganz ungehemmt,
dass er den andern ins Abseits drängt.
Gibt es dann einen Wettbewerb
zwischen religiös und Ell'bogen-herb,
hat es oft zunächst den Schein,
die „sanftmütigen" würden Verlierer sein.

Es ist Behauptung so mancher Religion,
die Welt sei göttliche Kreation.
Dann aber sind Logik und Mathematik
Teil dieser Welt, wie auch die Physik,
und alle Gesetze, die sie beschreiben
und räumlich und zeitlich invariant bleiben,
Botschaften, die mit-implementiert,
als irgendwie die Welt ward kreiert.
Vom Photon, Mensch bis Galaxienhaufen
kann nichts und niemand sie unterlaufen.
Naturwissenschaften sind die Disziplinen,
die der Erforschung dieser Gesetze dienen.
Man greift dazu immer wieder zurück
auf Experimente und Mathematik.
Mühsam führt jeder Erkenntnisgewinn
nur asymptotisch zur Wahrheit hin.
Wobei es immer wieder passiert:
Was lang sicher schien, wird falsifiziert.
Mit Naturgesetz ist hier folglich gemeint,
was wirksam ist, nicht das, wie's uns scheint!
Gesetze, von denen sich sagen lässt,
sie seien des Schöpfers Manifest.
Naturgesetze sind die direkteste Art,
wie der Schöpfer seinen Plan offenbart,
oder – noch wilder spekuliert –
sein Wesen, das in uns interagiert.
Naturwissenschaft kann man daher sehen
als Versuch, den Schöpfer zu verstehen.
So wird, setzt man Gott und Schöpfer gleich,
zum Gottesdienst Forschung in diesem Bereich,
ohn', dass es dabei eine Rolle spielt,
ob atheistische Forscher gezielt

bei dieser Arbeit eifrig probieren,
das Schöpfertum Gottes zu falsifizieren.
Das ist dabei nämlich ganz legitim,
führt oft näher zur Wahrheit hin.
Was einst für göttliche Willkür gehalten,
gilt heut' als verstanden, oft gar zu gestalten.

Das atheistische Weltmodell
wächst derzeit vieldimensional, schnell.
Den Ingenieuren reicht das meist aus,
sie lassen Gott aus den Rechnungen raus.
Doch schon die einfache Kinderfrage:
„Warum gibt's nicht gar nichts?", bringt zu Tage:
Allein mit innerweltlicher Empirie
gibt es die Antwort darauf wohl nie!
Da brauchte man erstens in dem, was ist,
Infos zum Grund für das Nicht-Sein des Nichts.
Wäre das Seiende im Nichts erstanden,
war ein Grund dafür im Nichts vorhanden,
was wieder darauf schließen lässt,
der Grund hätte ganz klar das Nichts-Sein verletzt.
Kurz, man kommt mit der Frage schon
in unlimitierte Rekursion.
Drum ist es in dem Kontext gescheit,
man ist „Ich weiß nicht!" zu sagen bereit.
Anderseits muss es 'ne Lösung geben,
sonst wär'n wir nicht da und fragend am leben.
Unverstehbaren Daseinsgrund Gott zu nennen
heißt, eigene Geistesgrenzen anzuerkennen.
Gott so ein Lückenbüßer-Image zu verpassen,
ist etwas, das viele Dogmatiker hassen.

Wenn Massen von Wesen zusammenleben,
muss es Gesetze und Regeln geben.
Bei Tieren sind die meist ziemlich rigide:
Genetisch vererbte Instinkte und Triebe
bestimmen maßgeblich das Verhalten,
sind aber nur langsam umzugestalten,
wie bei Termiten, Ameisen, Bienen,
die sklavisch ihrem Staate dienen,
kooperativ und diszipliniert,
durch enge Verwandtschaft stabilisiert.
Genetische Anpassung muss sich lohnen.
Sie dauert meist zahlreiche Generationen.
Ererbtes Verhalten ist somit basiert
auf Erfahrung, von Vorfahren akkumuliert.
Weil Varianz ererbten Verhaltens gering,
hat Verlass aufeinander funktionell Sinn.
Selbst Hierarchie und Herrschaftsstruktur
dienen dem Selektionsvorteil nur.
Erfahrungsinfo, allen ähnlich gegeben,
die im identischen Genpool leben.

Hirngewicht und Lebensspanne
begrenzen, was lernbar ist und für wie lange.
Ab Lebensdauer und Größe wie'n Hund
gilt folgende Faustregel mit gutem Grund:
Wird der Hirn-Anteil des Körpers mehr,
geht's mit mehr erlerntem Verhalten einher.
Irgendwo zwischen Affen und Menschen
kam's da zu weiteren Emergenzen:
zur Sprache mit einem Symbolvorrat,
wo's Regeln zu dessen Erweiterung hat,
mit dem prinzipiell alles ausdrückbar ist,
selbst sachlich ganz falscher, doch denkbarer Mist.

Auch irreale, erträumte Geschichten
lassen sich damit andern berichten.
Auf Fragen kann Sprachlosen in ihrem Leben
nur eig'ne Erfahrung Antworten geben,
wobei stets der eigene Tod
alle Infos wieder zu löschen droht.

Mit Sprachen, die man erweitern kann,
fing eine ganz neue Ära an.
Damit erweitert man recht schnell
und wirksam das eigene Weltmodell
um Geschichten, die man von andern gehört,
wobei mythischer Unsinn zunächst kaum stört,
bis man es merkt im realen Leben.
Dann kann es Riesenkonflikte geben:
So was kann Pfeiler des Weltbilds zerstören,
wogegen Verstand und Gefühl sich wehren.
Werden „heilige" Mythen hinterfragt,
ist dafür oft schon Gewalt angesagt.
Man kann Menschen so fanatisieren,
dass sie Empirie zunächst ganz ignorieren.
Wo Forschung Dogmen doch falsifiziert,
wird mit dümmlich-hysterischer Wut reagiert.
Des Menschen Verhalten wird sehr bestimmt
von dem, was man lernt und als Vorbild nimmt,
vom Weltbild, bestimmt vom Erfahrungspfad,
den jemand bis dato durchlaufen hat,
sowie von den Mythen und Geschichten,
die andere ihm bis dahin berichten,
gewichtet stets mit dem Vertrauen auf Quellen,
die irgendwelche Geschichten erzählen.
Auf manches Wort wird dann so fest gebaut,
dass man es nicht zu bezweifeln sich traut.

Wenn's alle, besonders die Eltern sagen,
dann hat es sich wohl so zugetragen.
Schreit der Kopf „Das stimmt so nicht, NEIN!",
beruhigt der Bauch „Lass das Zweifeln sein!"

Warum tun sich Menschen das massenhaft an?
Wär's nicht ohne Religionen viel simpler getan?
Kein Aufwand für Riten, sakrale Bauten,
die massenhaft wertvolle Lebenszeit klauten?
Derlei, „Evolutionary Burden" genannt,
ist Biologen auch sonst wohl bekannt.
Normalerweise rasch weg-selektiert,
es sei denn, durch Nutzen kompensiert,
wie die Last des Schwanzes beim Pfauen-Hahn,
mit dem er besser beim Weibchen kommt an.

Oder entstand Religion einfach nur
aufgrund unsrer Denkapparat-Struktur
während der Affe-zu-Mensch-Evolution,
wie auch Sprache, Kleidung und Menstruation?
Religion als emergentes Epiphänomen
wie Riten, die schon bei Tauben zu seh'n?
Skinner[19] belohnte Tauben, erst systematisch,
dann machte er die Belohnung erratisch.
Die Vögel reagierten mit Ritus darauf,
führten „Tänze" vor Fraß-Automaten auf.
Ist das soo verschieden von dem,
was beim Beten um gutes Wetter geseh'n?

Neuronale Netze sind die Maschinen,
die Hirnen zum Denken und Lernen dienen.
Die Netze sind gut in der Extraktion
in Rauschen versteckter Information,

---

im Erkennen von Mustern und Korrelationen,
die chaotischen Daten innewohnen.
Die Schwelle, ab der das Hirn was entdeckt,
ist sehr stark abhängig vom Affekt.
Was in Angst, Schreck und Freude erfahren,
das bleibt im Gedächtnis, auch nach Jahren.
Jahrzehnte verzögert wird manchmal erst klar,
wie prägend frühe Erfahrung war.
Auch pure Gedanken können bestimmen,
worüber wir nachdenken, grübeln und sinnen.
Das Hirn baut daraus ein Weltmodell,
und es erkennt in diesem meist schnell
Widersprüche und logische Lücken,
die Märchen und Träume dann überbrücken.
Lücken, die das Weltmodell hat:
Phantasie-Geschichten bügeln sie glatt.
Man kennt das seit jeher von Säufern schon.
Ärzte nennen es Konfabulation.
Mythen, die Propheten, Apostel, Schamanen
direkt als Visionen erzählt bekamen,
von Göttern, heiligen Wesen, Engeln,
die das träumende Medium dann bedrängeln:
„Die Botschaft sollst Du, ohn' zu begründen,
weil sie göttlich ist, einfach allen verkünden!"

Typisch erscheinen solche Visionen
in Trance, Ekstase oder Deprivationen.
Auf jeden Fall ist das Hirn gestresst,
wobei sich danach nicht mehr sagen lässt,
war Hunger, war Gift die Ätiologie?
War's Fieber, Stress oder Epilepsie?
Für ernste Deutung ist selten klar,
was Traumerleben, was Wirklichkeit war.

Eine Unsicherheit, die sich bei Kindern findet,
und wenn der Geist so langsam schwindet,
auch bei Menschen, die psychisch speziell,
doch dafür vielleicht charismatisch hell.
Für all die ist traumhafte Illusion
subjektiv faktische Kommunikation,
die sie, ohne Skrupel zu empfinden,
als Botschaft erträumter Wesen verkünden.

Bietet solch Botschaft Weltdeutung an,
die Fragen der Hörer beantworten kann,
oder wird die Chance einer Welt eingeräumt,
wie der Hörer sie als Wunschbild erträumt,
dann wird die Botschaft gern aufgenommen,
besonders von dem, der zu kurz gekommen.

Nach diesen Betrachtungen kann es sich lohnen,
zu fragen nach den Konditionen,
den Bedingungen, auf die es kommt an,
damit Religion sich entwickeln kann:

Ein Hirn mit genügend Komplexität,
die reicht, dass darin ein Weltbild entsteht,
welches zumindest partiell
durch Lernen entsteht, ganz individuell,
mit einem „Selbst", fähig einzusehen,
dass es die Welt nie kann ganz verstehen,
fähig, Widersprüche und Wissenslücken
per Phantasie zu überbrücken,
diese überbrückenden Abstraktionen
zu tradieren zwischen Generationen.
Wobei all das zusätzlich impliziert,
dass eine Gemeinschaft existiert:
Die Gemeinschaft aus Jüngern, die akzeptieren,

was die Propheten missionieren,
die davon so begeistert sind,
dass sie drauf vertrauen, und zwar blind,
die all das so verinnerlichen,
dass sie ihr Leben danach richten.
Dazu fordert fast jede Religion
von den Anhängern Kooperation
sowie Ehrlichkeit und Loyalität,
besonders als Taten, nicht nur im Gebet.
Das religiöse Weltmodell
unterliegt in freier Wildbahn schnell
Reproduktion und Selektion
und damit der Mem-Evolution.
Die Information, in den Memen enthalten,
hilft's Leben einfacher zu gestalten,
mit Gottvertrauen anzugehen,
was andre als Depressionsanlass sehen,
gelassene Gegenseitigkeit,
wo andere sich bekämpfen im Streit.
So überwiegt, was das an Ressourcen spart
„Evolutionary Burden" auf mehrfache Art.
Die Zeit sowie der Sachaufwand,
den Religion ihren Gläubigen abverlangt,
hilft, Trittbrettfahrer zu enttarnen,
die andere Gläubige erst umgarnen,
dann tun, als wären sie bei den ganz Frommen,
nur trachten, eigene Vorteile zu bekommen.

Auch setzen, wie Forschung festgestellt,
Religiöse mehr Kinder in die Welt.
Vorgaben religiöser Meme
zu Speisen, Sex und zur Hygiene
sind extragenetische Adaptationen

an humanökologische Situationen.

In Religionen ist Wissen gespeichert,
Generationen-lang angereichert.
So vermindert bei manchen Nomaden
ein Brautpreis Überweidungsschaden.
Erfahrungen Einzelner reichen da nicht,
auch wenn sich mancher Nutzen verspricht,
– kann er für sich eine Chance sehen –
die Regeln ungestraft zu umgehen.
Wenn alle ihr Verhalten, Moral und Gewissen
auf eigene Erfahrung aufbauen müssen,
sind Streit, Mord und Totschlag vorprogrammiert
weil das so einfach nicht funktioniert.
Religiöse Menschen, die sich disziplinieren,
werden meist weniger riskieren,
als die, die wenn immer sich Chancen ergeben,
ihre hedonistischen Ziele ausleben.

Trotzdem macht manch' Gebot Schwierigkeiten
bei neuen externen Gegebenheiten.
So wie ein frommer Muselman
alte Ramadan-Regeln nicht einhalten kann,
wenn er zu nah an die Pole gerät
wo die Sonne für Wochen am Himmel steht.

Auch wo religiöse Mem-Systeme
aneinandergrenzen, gibt's oft Probleme.
Ist jedes in sich konsistent und plausibel,
sind sie zueinander oft inkompatibel.
Kein Wanderhirte macht sich Gedanken
über Landbesitz mit Zäunen und Schranken.
Ein sessiler Bauer mit Acker und Haus
kommt nicht ohne Regeln zu Eigentum aus.

In Zonen mit beiden Wirtschaftsformen
braucht's entweder übergeordnete Normen,
oder es kommt Interessen-getrieben
zum Streit wie bei Kain und Abel beschrieben.

Verquickt sich religiöse mit weltlicher Macht,
hat das schon immer viel Unheil gebracht.
Wobei auch Trennung von Religion und Staat
keine wirklich verbessernde Wirkung hat.
Größere Gesellschaften pflegen zu sieben,
wodurch Alphatier-Typen nach oben getrieben,
die intellektuell zwar armselig sind,
doch voll von tierischem Machtinstinkt.
Hierarchien helfen verdecken,
und solch Charakter zeitweise zu verstecken,
bevor auch dem letzten Deppen dämmert,
für die zu schwärmen, das ist behämmert.
Vorher lassen sie sich gerne feiern,
derweil sie das Volk ins Unglück steuern.
So hat schon manch Führer, Papst, Präsident,
manch König und Kaiser ganz ungehemmt
Untergeb'ne in Krieg, Elend, Chaos geführt,
selbst privilegiert davon nichts gespürt.

Ab hier Kapitel in eigener Sache,
der Grund, warum ich den Text hier mache,
es aufzuschreiben das Motiv,
vom Inhalt her ganz subjektiv,
die Sicht eines trotzigen Katholiken,
der weiß, dass die meisten bescheidener ticken.

Religion halten viele für obsolet,

für Quatsch, was in „heiligen" Büchern steht,
und gehen fest überzeugt davon aus,
Naturwissenschaft schließt Religionen aus.

Hätte ich nicht als Kind erfahren,
was ich erst verstand nach vielen Jahren,
ich geb' zu, ich wär' auch lange schon
bei dieser religionsskeptischen Fraktion.

„Als Norm aufgesaugt" in den 60er-Jahren,
dass Volksschulen konfessionsgetrennt waren,
in Sendenhorst Religionsunterricht.
Pastor Westermann war soo prickelnd nicht.
Kein 6- bis 9-Jähriger wird davon schwärmen,
den Katechismus zitieren zu lernen.
Man las es und man lernte es,
es aufsagen können gab weniger Stress.
Gelerntes, das praktisch irrelevant,
wird gnadenlos vom Gedächtnis verbannt.

Zuweilen erzählte der Mann aus dem Leben
– und wir spürten, darum ging es ihm eben –
erzählte, er sei vom Drei-Kaiser-Jahr[20].
Was das hieß, war uns Knirpsen aber nicht klar.
Es dauerte Jahre, bis ich erfasste,
wie das zu dem, was er sagte, passte:
Vier Staatsformen hatte der Mann gesehen,
hatte erlebt, wie Weltkriege gehen,
Schicksale andrer gesehen, erfasst,
Menschen trotzdem noch geliebt, nicht gehasst.[21]
Westermann wusste, was nebenan

---

[20] 1888
[21] Das ward auch von denen anerkannt,
       man hat eine Straße nach ihm benannt.

der Löwe von Münster gesagt und getan.
Graf von Galen, aus Münster ausquartiert,
hatte im Josef-Stift dort residiert.
Der war von der Schule der Namenspatron,
so viel wussten wir Knirpse schon.
Westermann hat uns beigebracht,
was Clemens August so mutig gemacht,
wie er gegen Euthanasie gepredigt,
riskierend, dass man ihn dafür erledigt.
„Nec laudibus nec timore" auf Latein
soll Galens Leitspruch gewesen sein.
Weder Lob noch Ängste sollten ihn leiten,
so wollte er durch sein Leben schreiten.

Westermann fragte, wir sollten mal sagen,
wo wir Antwort bekämen auf Lebensfragen,
wem Menschen wohl verantwortlich sind,
und wie man wohl den Weg dahin find'.
Uns Kindern fiel als Antwort ein,
das könnten Eltern und Lehrer sein,
oder ein Bischof, Papst oder Staat.
Dann kam, was sich mir tief eingeprägt hat:
Westermann fand keine Antwort ganz schlecht,
allerdings war ihm auch keine ganz recht.
Er sagte – wie ich erst viel später verstand –
aus Lebenserfahrung und nicht qua Amt:

„Nur das eigne Gewissen, das jedem gegeben,
zeigt uns, was richtig und falsch ist im Leben!
Doch dieses Prinzip erzeugt auch den Zwang,
sein Gewissen zu schulen – lebenslang!"

Ich glaub, dass das mir genommen hat
die Angst vor Klerus und Episkopat.

Bevor über Tebarz-van Elst kam heraus,
wofür er warf Bistumsgelder hinaus,
hatte er schon mal in einer Nacht
Jahre Synodal-Arbeit obsolet gemacht.
Ich hab dann nicht mehr kandidiert,
mich aber auch keine Spur geniert,
zu schreiben – egal, was mir dafür droht –
„Ich bin nicht dieses Bischofs nützlicher Idiot!".

Gewissen zu haben, heißt, selbst zu denken,
sich nicht durch Obrigkeit lassen lenken!
Drum kann ich bei manch kirchlichen Lehren
mich spottenden Kopfschüttelns nicht erwehren,
wenn allzu klar wird, da geht es nur
um Macht und nicht um Religionskultur.

So bei dem Thema Zölibat,
das die Kirche einst eingeführt hat,
um das Erbe der Priester zu kassieren,
ohn' es an deren Kinder zu verlieren.
Wer darüber nachdenkt, fragt unbefangen:
„Warum ist's Jahrhunderte ohne gegangen?"

Es ist fatal am Zölibat,
dass er selektive Wirkung hat,
die zwar bestritten, doch wohl bekannt,
von Forschern „Selection Bias" genannt:
Zölibat zieht besonders Menschen an,
die man wie folgt beschreiben kann:
Sie können oft nicht ihren Trieb bezwingen
zu für die Opfer schrecklichen Dingen.

Die Opfer der Übergriffigkeit

erfahren lebensverderbende Scham und Leid.
Meint man dann noch in Klerikerkreisen,
der Institution einen Dienst zu erweisen,
indem man solch Treiben vertuscht, versteckt,
ist's umso perverser, was man damit deckt.

Auch der Umgang der Kirche mit Geld
ist nichts, was Vertrauen der Gläubigen stählt.

Warum bin ich trotzdem noch immer dabei?
Austreten steht mir jederzeit frei!
Gibt's was, das für den Verbleib darin spricht?
Ja! Eine Wirkmacht, die sehen viele nicht.
Religion gleicht gekapseltem Medikament,
dessen Wirkung man äußerlich nicht erkennt.
Nicht Haptik, Geruch, Geschmack, den es hat,
zeigen, wann und wo sein Effekt findet statt.

Warum fürchten Herrscher sich hilflos wie'n Kind
vor Religionen, die ihnen nicht willfährig sind?!
Schon vor Tausenden Jahren hat Platon erkannt:
Staatsformen haben meist kurz nur Bestand.
Wenn Recht und Gesetz seine Wirkung verliert,
weil der Staat wieder mal kollabiert,
weil jemand Mächtiges abgedankt,
weil man sich um die Nachfolge zankt,
weil ein Idiot wieder Krieg geführt,
weil man die Folgen von Seuchen spürt,
also stets, wenn der Staat zerfällt,
Überleben auf einmal mehr zählt als Geld,
dann braucht es zur Selbstorganisation
gemeinsame Regeln und Information.

Hier ist es sachlich wohl empfohlen,

etwas weiter auszuholen.
Wenn Lebewesen sich reproduzieren
und dabei funktionell regenerieren,
läuft's meist auf Tabula rasa hinaus:
Neustart von einzelnen Zellen aus.
Staaten sind – fraktal gesehen –
Metaorganismen, die aus Menschen bestehen.
So'n Staatsorganismus, wenn kollabiert,
wird von allen ausgehend re-etabliert.
Analog dazu gibt es lebende Schwämme
und Flechten und Arten, die ich nicht kenne,
die kann man durch vorsichtiges Pürieren
in ganz kleine Bruchstücke separieren,
die es bemerkenswerterweise schaffen,
sich zu neuen Wesen zusammen zu raffen.
Das ist analog zu dem, was passiert,
wenn ein Staat sich „von unten" neu organisiert:
Die kleinsten Einheiten scheinen zu „wissen",
wie sie sich dabei verhalten müssen.
Ich vermute, 'nen Teil dieser Information
stellt beim Weg Mensch zu Staat die Religion.

Mir scheint auch, ohne Religiosität
verlier'n große Gruppen ihre Identität.
Stämme, Ethnien oder Nationen
zerfleddern nach wenigen Generationen,
ist da kein kindlich verinnerlicht Band
unter der Ebene von Gier und Verstand.

Sag, welche Ethnie, welche Nation
ist dreihundert Jahre ganz ohne Religion
in sich halbwegs identisch geblieben,
nicht aufgelöst, nicht aufgerieben?

Anders gesagt – und das will ich nicht –
dass Areligiösität dem Staat das Rückgrat bricht.
Was beim Tier-Mensch-Unterschied noch auffällt:
das komplexere Innen-Modell von der Welt.
Der Inhalt, beim Tier auf Erfahrung begrenzt,
bei Homo durch Sprache und Schrift ergänzt
sowie für soziale Interaktionen
durch den Output von Spiegel-Neuronen.
Hat man nach irgendwas einen Drang,
vermeidet das Weltmodell den Zwang,
Strategien zu testen in der realen Welt.
Es reicht, wenn sie Kopf-intern vorgestellt.
Bei solchem Denken kann nichts passieren,
kann von außen keiner Ideen kopieren.
Was dabei im eigenen Hirn vollzogen,
läuft ab wie bei Platons Dialogen,
oder, wie sonst vor Gericht,
wo Kläger gegen Verteidiger spricht.
Auch die Technik moderner KI[22]
nutzt einige Zeit schon die Strategie.

Erlebnis bei mir im Familienkreis:
Ein Kind[23], das sich nicht beobachtet weiß,
redete länger laut vor sich hin,
bis ich dazu getreten bin.
Mein fragender Blick wurde abgewehrt
mit: „Ich habe dem Luftmännchen was erklärt!"
Das zeigt, schon ein Kinderhirn, das kann's:
Es nutzt eine virtuelle Dialoginstanz,
Phantasie, die spontan die Instanz aufbaut,

---

[22] KI: Künstliche Intelligenz
[23] Meine Schwester im Kindergartenalter (die aber keinen Kindergarten besucht hat)

der sie Geheimnisse anvertraut.
Unterstellt man weiter, dass die Instanz
zum Mentor wird mit Heiligenkranz,
dann ist man schon verdammt nah dran
an 'nem Wesen, das alles wissen kann,
egal, was man denkt, spricht oder tut,
es erfüllt das Allwissenheitsattribut,
gute Voraussetzung für das Gewissen,
dem wir ja – wie ausgeführt – folgen müssen.
Auch werden Kriterien erfüllt
für ein Hirn-gemachtes Gottesbild[24],
gegebenenfalls auch für viele davon,
die dann in erdachter Projektion
„göttlichen" Dingen und Wesen auf Erden
ehrfurchtsvoll zugewiesen werden.
Ob das Rinder, Bäume, Berge sind
wird von Kultur und Erfahrung bestimmt.
Je jünger die einzelne Religion,
desto schlanker gewöhnlich ihr Pantheon,
bis schließlich im Monotheismus abstrakt
nur eine Gottheit den Himmelsplatz hat.
Eine Innerkopf-Dialogstruktur
ist vereinfachendes Abbild nur:
Auf unterster Eb'ne beim Einzelneuron
geht's schon um Erregung und Inhibition.
Milliarden von Entscheidungsmaschinen,
die dem Optimieren des Lebens dienen,
parallel und hierarchisch organisiert,
die streben zu planen, was wann passiert,
und dazu, falls es geht, zu probieren,

---

[24] wie in ähnlicher Form schon von Ludwig Feuerbach (1804-1872) ausgeführt.

die Außenwelt etwas zu antizipieren.

Atmung, Durst, Hunger, Ausscheidung, Sex
regeln sich innerlich hier und jetzt,
aber was wo, wann und wie zu ernten ist,
erfordert Vorausschau, Planung und List.
Wunschdenken ist zu disziplinieren,
Hartnäckigkeit braucht's beim Experimentieren.
Nur wer da findet die rechten Balancen,
erweitert Erkenntnisgrenzen im Ganzen,
zum lebensverträglichen Zustandsraum,
hochdimensional, verzweigt wie ein Baum.
Das Hirn, das neue Strategien erdacht,
hat sich die Umwelt komplexer gemacht,
Menschen-dichter und tragfähiger.
Das rückgängig machen geht nun nicht mehr,
außer, die Menschheit nimmt ab an Zahl,
rasch ginge das nur mit viel Leid und Qual.

Zu inneren Dialogen zurück.
Da entscheidet der Leerlauf-Betrieb,
welch Dialog hat Priorität,
wenn äußerlich kein Ereignis ansteht,
kein akutes Motiv weist in Schranken,
worum kreisen dann die Gedanken?
Wem die soziale Ader fehlt,
spricht innerlich über Macht und Geld.
Wer stattdessen mehr Mensch geblieben,
denkt an jemand im Kreis seiner Lieben.
Speziell die, die lieben und hassen,
werden sich innerlich damit befassen.
Narzissten bewundern sicherlich
so oft sie können ihr eigenes Ich

und meinen, wie Menschen mit Helfer-Syndrom,
ihnen gebühre Ehre und Thron.
Von Verliebten pflegt man zu kolportieren,
Gedanken auf geliebte Personen zu projizieren.
Wird letztere als „angebetet" tituliert,
deutet das an, wie Beten funktioniert:
Ein Wesen, allmächtig, allwissend, ewig gedacht,
wird zum virtuellen Dialogpartner gemacht.
Die unterstellte Allwissenheit
macht zu innerem Bekenntnis bereit,
hilft, sich selbst Fehler einzugestehen,
die andere niemals sollten sehen.
Die Allmacht-Instanz lädt zu Abbitte ein,
um begnadigt zu Neuanfang frei zu sein.
Noch etwas, das beim Beten passiert:
Das, was man wünscht, wird modifiziert.
Ein wichtiger Wunsch, der beim rechten Gebet
im Mittelpunkt der Bitten steht,
ist der, dass man selbst nur strebe an,
was vereinbar ist mit dem Schöpfungsplan.
Das genau meint – wie ich das verstehe –
im Vaterunser „Dein Wille geschehe".
Abstrakter könnte man auch formulieren:
„Lass mich alle Naturgesetze respektieren!"
Dabei kommt's gewiss nicht drauf an,
dass man die bewusst formulieren kann.

Was sich vom Wissbaren wissen lässt?
Ein Unendlichstel im Vergleich zum Rest!
Denn das Hirn bietet endlichen Platz nur an
für Wissbares, das man drauf abbilden kann.
Das Vaterunser drängt ein paar Worte später

zur Streit-Deeskalation seiner Beter
mit der Bitte um Gnade und Huld
„und vergib uns unsere Schuld"
und „wie auch wir vergeben unsern Schuldigern"
als Versprechen, Eskalationen abzuschwör'n.
Niemandem kann ein Leben gelingen
ohne anderen Leid aufzuzwingen.
Welcher Mensch kommt schon auf die Welt
ohn' dass die Geburt die Mutter quält?
Da man jedem irgendwas vorwerfen kann,
ist's mit „Auge um Auge" nicht getan.
Dann wär' „Streitverstärkung" ungedämpft,
so dass man theoretisch ewig kämpft.
Wenn einer aber zum Abwiegeln neigt,
beendet sich von alleine der Streit.
So sind ins Gebet, das uns lange vertraut,
Sozial- und Regeltechnik eingebaut.

Kommen wir zu dem, was Engel sind.
„Wesen ohne Leib", sagte man mir als Kind.
Und damals war mir wohl nicht ganz klar
dass Rumpf und Leib nicht dasselbe war.
Drum dacht' ich mir, ohne weiter zu fragen,
Engel müssten Beine am Kopfe tragen.
So kam es spontan aus mir heraus:
„Dann sehen Engel wie Kneifzangen aus!"
Das hat – so ward mir oft kolportiert –
die Erwachsenen um mich leicht konsterniert.

Engelbilder, die ich später sah,
brachten mir das Thema nicht wirklich nah.
Mal Elfen mit Weichzeichner fotografiert,
mal Puttos mit reichlich Barock-Speck verziert.

Mehr Abbild verkitschter Volksfrömmigkeit
als von Dienern Gottes auf Ewigkeit.
Überleg' ich, wie sie beschrieben werden,
mächtig, zeitlos in Himmel und auf Erden,
dann bin ich persönlich davon überzeugt,
dass mir da nur eine Deutung bleibt:
Engel ist alte Bezeichnung nur
für die Gesetze in der Natur.
Das schließt natürlich obendrein
auch Mathematik und Logik ein
sowie die vielleicht unendlichen Mengen,
an Gesetzen, die wir nie können erkennen,
weil unser Erkenntnisapparat
– das Hirn – dafür keinen Sensor hat,
weil's Gesetze per Korrelation detektiert
ist's für selten wirksame nicht prädestiniert.

Wir pflegen Erlebnisse Wunder zu nennen,
wenn sie Erwartungsrahmen sprengen,
oder als Messfehler zu bezeichnen
und aus den Protokollen zu streichen.
So kann man in „Zwei mal fünf gleich zehn"
ein Beispiel für einen Engel seh'n.
Wer „Zwei mal fünf gleich elf" taxiert,
damit er dadurch mehr kassiert,
der lässt sich mit einem Teufel ein,
wie stets, wo zwei mal fünf nicht zehn darf sein.

Kein echtes Naturgesetz lässt sich übertreten.
Sündhaft ist schon, nur darum zu beten.
So kippt der Wunsch nach langem Leben
zur Sünde bei denen, die danach streben,
für immer zu leben hier auf Erden,

denn das kann auf Dauer sicher nichts werden
bei Arten unserer Komplexität,
weil das thermodynamisch nicht geht.
Auch wer von andern mehr will, als er gibt,
macht sich teuflisch unbeliebt.
Bei zwei mal zwei sieht man schnell ein:
ist's vier, muss es Engel, sonst Teufel sein.
Kommen wir vom Abstrakten sodann
zu dem, was man sehen und anfassen kann.
Da gelten Gesetze, da ist nicht gewiss,
was grundsätzlich und was Spezialfall ist,
so wie die Euklidische Geometrie,
der Sonderfall der Relativitätstheorie.
Das macht es oft schwer, zu unterscheiden.
Ist's Teufel? Ist's Engel? Drum lass es bleiben.
Entscheidend ist es, bevor wir sterben,
nicht selbst zu einem Teufel zu werden.
Der Unterschied zu zwei mal zwei
ist die Rolle des Kontexts dabei.
Zwei mal zwei gleich vier
gilt nicht nur heute und hier,
sondern immer und überall,
was bei unserem Bauplan nicht der Fall.
Mit dem, was da genetisch fixiert,
sind wir passend zur heutigen Erd' präpariert.
Um den Bauplan „zum Laufen zu bringen",
müssen viele Bedingungen stimmen.
Das schränkt Raum und Zeit gar mächtig ein,
wo der Bauplan kann gültig sein.
Wäre der Bauplan dann etwa nur
in der Raumzeit-Blase von Engels-Natur
wo er – wenn's gut geht – kann funktionieren?

Das allein ist schon schwer zu kapieren!
Dazu kommt, der Plan ist so kompliziert,
dass er sich, wenn ausgeführt, selbst modifiziert.
So kann es sein, dass der Lebenspfad
Engels- und Teufels-Abschnitte hat,
möglich, man kommt zur Engels-Natur
über Pfade durch teuflische Abgründe nur.

Wer teuflisch ist, muss nicht auch böse sein.
Dazu gehört, man sieht es leicht ein,
dass man zu Wort und Tat
auch Einsicht und Alternativen hat.

Für Leben als dissipative Struktur gibt's ein Muss:
Voraussetzung ist ein Energie-Fluss,
wie in Wirbel-Mustern an Wasserstromschnellen,
die sich nur bei und durch Strömung einstellen.
Da kann das Bewegen von nur einem Stein
Grund für ganz neue Muster sein.
Analog reicht im Leben ein Satz, ja ein Blick,
und schon wendet sich des Menschen Geschick.
Denn des Lebens Chaos-Struktur
ist für vieles Verstärkung pur.
Verhilft gar Quantenfluktuationen
zu makroskopischen Manifestationen,
an denen sich nichts vorhersagen lässt.
Dieser Bereich – das glaube ich fest –
ist gespickt voll mit Hintertüren,
durch die ein Schöpfer, ohn'n, dass wir's spüren,
jederzeit überall eingreifen kann,
so, dass man's den Abläufen nicht merkt an.

Dem Wirbel-Muster ist nicht bekannt
wieso es da ist und wie es entstand;

es existiert vor sich hin, einfach so,
ist darüber nicht traurig, nicht froh.
Uns hingegen ist es gegeben,
fragen zu können, warum wir leben.
Wo kommen wir her? Wo gehen wir hin?
Hat mühendes Streben überhaupt einen Sinn?
Zweifel am Lebenssinn für kurze Zeit
macht Depressive zum Selbstmord bereit.
Wer immer am Lebenssinn Zweifel hegt,
wird vom Spielfeld der Evolution gefegt.
Drum ist auf eins ziemlich sicher Verlass:
Fast allem, was lebt, macht Leben auch Spaß.
Was sich nur einmal im Leben pflanzt fort,
stirbt oft gleich danach und noch vor Ort.
Tu'n sie's freiwillig? Müssen sie leiden?
Drohne und Lachs können's nicht beschreiben.

Da stellt sich die Frage: Was kommt dabei raus?
Wie sieht's mit dem „Ewigen Leben" aus?
An Stoff gebunden kann es kaum sein,
der fließt schon im Diesseits heraus und herein.
Ansonsten sagt mir meine Phantasie
– empirisch klären kann man's ja nie –
wir Lebewesen sind im Großen und Ganzen
aufs Stoffliche projizierte Instanzen
von verschiedenen Bauplan-Klassen,
die sich auf Materie abbilden lassen,
das aber nur bedingt und so weit
Physik und Chemie steh'n passend bereit.
Zudem kann's viele Formen von Leben
synchron nur zu passenden anderen geben.
Sprich, nach Maßstäben der Kosmologie
funktioniert so ein Bauplan so gut wie nie,

und wenn, ist's bezogen aufs Weltenall
nur an wenigen, winzigen Punkten der Fall.
Die Lebens-Baupläne in der Natur:
Ich sehe darin eigentlich nur
ein Netzwerk, um damit temporär,
je höher entwickelt, umso mehr,
zu testen, wie sich in der stofflichen Welt
die Logik des Seelen-Charakters verhält.

Bio-Bauplan und Seele gedanklich zu trennen
mag man unwissenschaftlich nennen.
Darum gedanklich an dieser Stelle
dazu erklärend auf die Schnelle:
Wo ein und dasselbe Computerprogramm
auf verschiedenen Rechnern laufen kann,
entspricht der Rechner per Analogie
Körper-Bauplan und Biologie.
Der beste Rechner hilft einem nicht
ohne Programm, das der Seele entspricht.
Programme und Gleichungen haben gemein,
universell existent zu sein.
Sie werden somit entdeckt, nicht geschaffen,
auch wenn Programmierer das meist nicht raffen.
Programme laufen auch dann noch perfekt,
wenn, wer sie codierte, im Grabe längst steckt,
wenn keiner mehr da, der es je kapiert,
und/oder die Hardware nur noch emuliert.
Typisch ist, dass fast jedes Computer-Programm
extrem viele Zustände annehmen kann,
Die Zustands-Abfolge, die ergibt sich
aus Input-Abfolgen deterministisch.
Auf Seelen bezogen geht das Gerücht,
deterministisch seien die nicht,

Seelen könnten, durch freien Willen,
moralische Maßstäbe erfüllen,
und zumindest auch probieren,
sich Ethik-getrieben zu disziplinieren.
Mancher denkt seit langem schon
freier Wille sei Illusion.
Unterstellt, die Skeptiker hätten Recht,
ist trotzdem die Illusion gar nicht schlecht!
Ohn' mindestens subjektiv freien Willen
würd' Religion und Justiz keinen Zweck erfüllen.
Umgekehrt seh' ich plausibel an,
wie's evolutiv gewesen sein kann:
Aus Hirnfortentwicklungs-Konsequenz
entstand als evolutive Spät-Emergenz
die Idee gänzlich freier Gedanken
und eines Willens, der ohne Schranken.
Als hässliche Nebenwirkung gediehen
Allwissens- und Allmachtphantasien
und machtgeile Typen, die danach streben,
solch' Phantasien auch auszuleben
am besten verstärkt durch ein Kollektiv,
da läuft in der Welt unsäglich viel schief.
Von Rosenkrieg bis Völkermord,
Ressourcenverschwendung in einem fort,
und schlimmer: Die vielen Leben und Zeit,
die sinnlos verschwendet für derlei Streit.

Dumm nur: Auf Dauer wird evolutiv belohnt,
was Nachwuchs bringt und Ressourcen schont.[25]
So kam's, dass Ideen emergierten,
die zur Abwehr von Egoisten führten,

---

[25] Matthäus 5:5: Selig die Sanftmütigen; denn sie werden das
Land erben.

befeuert vom Vorteil von Kooperationen
sind sie dann entstanden, die Religionen.

Zu Anfang auch Staats- und Rechtssystem,
konnten Religionen eins nicht umgeh'n:
Für fast jede Religion steht empirisch fest,
dass sie sich zur Herrschaft missbrauchen lässt.

Religiöse Mythen, Konzepte, Ideen
entsprechen formal im Weltgeschehen
Memen, die Menschen kontrollieren,
auch wenn die das subjektiv nicht spüren.
Der Mensch ist dabei nämlich in der Tat
für die Meme was Ähnliches wie ein Substrat.
Wobei dem auch nicht zu entgehen ist
indem man sagt: „Ich bin Atheist"
oder sich Agnostiker nennt,
weil man dabei nämlich verkennt:
Auch wer sich – warum immer – bemüht,
dass er religionslos durchs Leben zieht,
steht letztlich fast immer in Interaktion
mit Jüngern der ein oder andern Religion,
mit Memen, die da, wo sie sie interagieren,
zu evolutivem Wettstreit führen.
Da zählen auch Religionslos-sein-Meme
formal als Religion im Streit der Systeme,
religionslos heißt auch nicht mehr Ur-Zustand,
wie bevor Religion und Mission entstand.

Auch scheinen Wechsel zwischen Religionen
Hysterese-behaftet – es muss sich schon lohnen.
Religion-Meme schützen Menschen nicht nur
vor ihrer eigenen Ego-Natur.
Sie passen sie auch wie ein Interface an,

an das, was Umwelt und Geist bieten kann.
Ein Filter, der beim Mensch mitbestimmt,
wie er sich, Mitmensch und Umwelt wahrnimmt.
Religion hilft Menschen, statistisch gesehen,
miteinander friedlicher umzugehen,
als überließ' man ganz ungehemmt
allein Machtgier und Ego das Regiment.

Es wär' wohl noch schlimmer in dieser Welt,
hätt' mancher sich nicht die Frage gestellt,
wie man sich im Zweifel sicher sein kann,
ob nicht an Pascals Wette doch etwas dran.
Will jemand fürs ewige Leben kämpfen,
wird Religion dessen Ego ein klein wenig dämpfen.
Ewiges Leben für Seele und Geist,
das manche Religion ihren Jüngern verheißt,
gibt's da keine Logik, Gesetz der Natur,
das derlei entlarvt als Makulatur,
als Wunschdenken, das von selbst entsteht,
wenn Überlebenstrieb mit Verstand einhergeht?

Beginnt man dazu mit 'ner Definition,
bezeichnet als Seele die Information,
die Materie so ordnen kann,
dass sie fängt zu leben an.
So kann alles, was lebt, mit Seele aufwarten,
selbst Einzeller und Bakterien-Arten.
Auch jedes Spermium, jedes Ei
ist mit eigenem Seelchen dabei.
Befruchtung kann somit nur funktionieren
wenn da auch Seelchen fusionieren.
Umgekehrt gilt: Wo Zellen sich teilen,
wird deren Seelchen gleiches ereilen.

Des Menschen Zellenzahl steigt, wenn er wächst,
auf zehn hoch vierzehn – grob geschätzt.
So groß müsste – man sieht es leicht ein –
auch die Zahl der Seelchen pro Seele sein,
die sich kooperierend ergänzen.
Da kommt's zu erstaunlichen Emergenzen:
Die ganze Seele macht soo viel mehr
als nur die Summe der Seelchen her.
Wie Staaten aus vielen Menschen bestehen
ist die Seele bestehend aus Seelchen zu sehen,
in ständigem Wandel von Moment zu Moment;
auch das so, wie man's von Staaten her kennt.
Die Seele versteh' ich als pyramidal
Spitze nach oben – und fraktal,
wobei Bewusstsein, Ethik, Gewissen
zur Spitze der Pyramid' zählen müssen.
Sie entstehen als letzte, wenn Leben entsteht,
verschwinden zuerst, wenn's im Tod wieder geht.
Engel, Seele und Bauplan
seh ich als fast dasselbe an,
als Begriffe für Informationen,
die schlicht jeweils andre Aspekte betonen.
Unser Bauplan und Physiologie,
die Subjekte der Biologie,
bestimmen ja auf Schritt und Tritt
ständig unsere Gesundheit mit.
Dabei beschreiben sie essentiell nur
die Fessel der Seele an Stoff und Natur,
in Computer-Analogie:
Betriebssystem und sein API[26].

---

[26] API: **A**pplication **P**rogrammer **I**nterface d.h. Schnittstelle für
Anwendungsprogrammierer

Dann entspricht die Seele einem Programm,
das auf den Seelchen laufen kann.
Und einmal auf den Weg gebracht,
treibt die Seele eins, was sie ständig macht:
Entscheidungen, um ihr Leben zu lenken,
das lässt mich die Definition überdenken.
Der Seele Entscheidungen ist gemein
sie schränken das, was erreichbar ist, ein.
Jede Gabelung im Entscheidungsbaum
versperrt Zugang zu Teilen vom Zustandsraum.
Die Wanderung können die Seelen beschreiben,
bis Seelchen ihnen den Dienst schuldig bleiben.
Wird der Geist beim Greis dann stumpf,
ist die Seele dann klein und dumpf?
Bei Schlaf, Narkose, Drogenrausch
gibt's da einen Seelentausch?
Hat während einer frommen Extase
die Seele 'ne geschwollene Phase?
Widersprüche, die häufen sich,
was nicht dem Definitionswunsch entspricht.

Die Seele betrachten wir viel zu schnell
personenbezogen-individuell.
Es ist für des Körpers Substanz etabliert,
dass permanent ein Austausch passiert.
Im Leben wechselt, chemisch gesehen,
fast aller Stoff, aus dem wir bestehen.
Am besten sieht man's an Haaren und Haut.
Ständig wird auf- und abgebaut.
Kurz: Materie aller lebenden Wesen
ist stets mit der Umwelt im Austausch gewesen.
Der Leib als Krümel im Weltenall.
Individuum wie ein Wasserfall:

Klar zu erkennen als Entität,
doch flüchtig in dem, woraus er besteht.

Darüber sinnend fiel mir ein
könnt's mit der Seele nicht auch so sein?
Die Seele als winzhafter Seitenstrom
einer ewigen, zeitlosen Information?
Zugleich abhängig und verwoben
mit Seelen, die ewig durch andere toben,
zum einen durch andere lebende Wesen
und nach Teilhard de Chardins Hypothesen,
mit Seelchen von Molekülen, Atomen
bis hinauf zu den Dimensionen
von Sternen und Galaxienhaufen,
wo Teleskope ins Leere laufen.
Von da aus ist man gedanklich bald
bei der „Weltenseele", die alles durchwallt,
mit der „klassischen Seele" als Zweiglein davon.
Ein bisschen Erklärungswert hätt' das doch schon?
Damit wär' nämlich elegant
der Seelen Unsterblichkeitsgrund erkannt.
Die Weltenseele als Info zu dem,
was prinzipiell wahr und könnte gescheh'n
nach den Gesetzen der Mathematik,
der Logik und auch vielleicht der Physik
in des Alls unendlichen Weiten
vom Ursprung (falls fassbar) bis in ewige Zeiten.

Über derlei Unendlichkeit nachzudenken
muss zwingend zu der Einsicht lenken,
dass alles, was geschehen kann,
tatsächlich geschieht – irgendwo irgendwann.
Wäre die Seele von ihrer Natur

der Bruchteil der Weltenseele nur,
der Einfluss auf das Leben hat,
dann wäre das einfach nur sehr platt.
Dann könnte es im ganzen Leben
nichts wie das Gute und Böse geben.

Viren-, Krebs- und Waldbrand-Geschehen
ist gemeinsam, dass sie nicht verstehen,
dass sie, allein indem sie existieren,
ihre Daseinsgrundlage selbst ruinieren.
Von Gutem und Bösem kann man nur reden,
wo Wahlfreiheit zwischen beiden gegeben.
Außerdem muss obendrein
Einsichtsvermögen vorhanden sein.
Und dazu braucht's individuell
ein recht komplexes Weltmodell,
um intern Ideen zu simulieren,
spielerisch durchzuexerzieren,
bevor man es vielleicht riskiert,
und sie in der echten Welt probiert.
So ein Weltmodell sagt auch voraus:
Was macht meine Handlung anderen aus?
Zumindest erlaubt es, grob abzuschätzen,
wieweit könnte man damit andre verletzen.
Definieren wir Böses als solches Geschehen,
wo vorher im Weltmodell zu sehen,
wer agiert, zieht Vorteil daraus,
für andere geht es nachteilig aus.
Wer trotzdem dann, was ihm nutzt, praktiziert;
obwohl er den Schaden für andere riskiert,
ist nach derselben Definition
ganz bewusst eine böse Person.

Bosheit zwingt andere, sich zu wehren,
den Aufwand dagegen zu vermehren.
Rasch kostet solch überflüssiger Streit
beiderseits Kraft und Lebenszeit.
Gruppen mit innerer Harmonie
ersparen sich diese Zeit und Müh'.
Wobei, je größer die Solidarität,
umso mehr Einsparung geht.
Religionen pflegen Eintracht zu preisen
in ihren eigenen Anhänger-Kreisen.
Das gibt vorab Letzteren schon
Vorteile in der Evolution,
zumindest auf längere Zeiten gesehen,
denn kurzfristig wird es denen geschehen,
die zu anderen fair und ehrlich:
Sie erscheinen naiv und wenig gefährlich.
Doch Obacht! Als Best-Strategie ist bekannt,
und logisch beweisbar, falls verlangt:
Mit Fremden(/m) versuch erst zu kooperieren.
Wenn's klappt, werden's beide glücklich spüren.
Das ist die Win-win Situation.
Wenn's anders kommt, merkst Du's bald schon.
Dann behandele andre grad so wie sie Dich,
Doch eskaliere den Streit dabei nicht!
Ziehst Du einen Gang vor Gericht in Betracht,
Gib vorher auf den Umstand acht,
pro Instanz gibst Du dann her
ein Viertel des Streitwertes oder mehr.
Die Binde am Kopf von Justitia
ist nicht allein zum Verblinden da.
Per Binde wird außerdem sicher gestellt,
dass Justitias goldene Nas' nicht auffällt.

Das bringt uns zur Ökonomie der Religionen,
die mutmaßlich netto den Wohlstand schonen
wo Regeln, die allseits verinnerlicht
ersparen viel Streit mit und ohne Gericht.

Religionen mit ihrem langen Atem
beschneiden die Macht von Potentaten,
die, ging es nach ihren eigenen Zielen,
würden am liebsten selbst Herrgott spielen.
Dafür jedoch leben sie viel zu kurz,
sind – historisch gesehen – stets nur ein Furz,
gerne mit brauner Masse garniert,
die – Propaganda-betäubt – wie blöd applaudiert.

Ranghohe Ämter in Religionen
sind ausgelegt meist für Personen,
die sie voll Idealismus betreiben,
und subjektiv ganz ehrlich bleiben,
wenn sie den Gläubigen suggerieren,
als Gottheitsvermittler zu fungieren.
So sind Privilegien zu verstehen,
und die Macht, mit der solche Ämter versehen.
Bei guten Menschen ist das funktionell
um Gutes zu tun, effizient und schnell.

Doch wehe, es kommt jemand, der viel mehr
hinter des Amts Privilegien her
besonders hinter jener Macht,
die solch Amt seit Alters mit sich gebracht.
Kennzeichnend dafür ist fast jedes mal
eine himmelschreiende Doppelmoral.
Gläubige Almosen spenden lassen,
um selbst verschwenderisch zu prassen,
öffentlich streng gegen Alkohol

selbst heimlich saufen geht aber wohl,
Frauen ohne Schleier rügen,
sich selbst triebhaft im Harem vergnügen,
Keuschheit und Zölibat geloben
sich an Maitressen und Kindern austoben.
Solch dummdreist-böse Vorbildfunktion
schadet jedweder Institution.

Wen wundert's, wenn nach solchen Fällen
Menschen sich die Frage stellen:
„War's nicht besser, ich trete aus?"
und ziehen die Konsequenzen daraus.
Oft wird sich dann auf die Suche begeben
nach neuem Sinn oder Zielen im Leben.
Gern werden dann Ruhm, Macht und Geld
zu dem, was stattdessen im Leben zählt.
Erfolgt das bei vielen Menschen synchron,
wird's funktionell zur Ersatzreligion,
die, mit blindem Eifer gepaart,
schon viele Kriege verursacht hat.

Religion muss, wie ich mein',
stets dann evolutives Merkmal sein,
wo das Gehirn solchen Umfang annimmt,
dass Gelerntes das Weltmodell bestimmt.
Wenn so durch Weltmodell-Inkompatibilität
ein Gegeneinander Einzelner entsteht,
wirkt Religion wie ein Vitamin
und wirkt auf mehr Kooperationen hin.
Abhängigkeit stellt sich langsam ein,
wird schwer erst zu erkennen sein.
Auch wenn sie lang schon etabliert,
wird's nur im Mangel-Fall gespürt.

Vitamin und Religion ist weiter gemein:
Zu viel und zu wenig pflegt schädlich zu sein.

Gemein hat Religion auch viel
mit ganz normalem Kinderspiel.
Denn, wo Menschen Spiele betreiben,
ist Lernen fürs Leben fast nicht zu vermeiden.
Trotzdem ist bei den Motiven zum Spiel
Lebenserfahrung kaum je das Ziel.
Beim Spiel kommt Lebenserfahrung zu Dir,
versteckt wie ein blinder Passagier.
Muss man Kindern das Spiel auch mal untersagen,
entsteht dadurch selten nur bleibender Schaden.
Wem das Leben Kinderspiel gar nicht erlaubt,
dem wird auch das Glück als Erwachs'ner geraubt.
Doch allzu viel trödelnde Spielerei
führt auch an Chancen des Lebens vorbei.
Bei Religion und beim Kinderspiel
gibt's ein Zuwenig und ein Zuviel,
und bei keinem von beiden ist angebracht,
dass jemand sie zum Selbstzweck macht.
Religionen ist wie den Spielen gemein:
Sie schließen die Botschaft in Gleichnisse ein.
Wie'n Märchen oder trojanisches Pferd
macht's neugierig, dass man mehr erfährt.
Die innere Botschaft, um die es geht,
sich oft erst viel später im Leben versteht,
sei's durch Biographie-Erfahrung
mit Pubertät, Arbeitswelt und/oder Paarung,
sei's angeregt durch Vertrauenspersonen
mit überzeugenden Vorbildfunktionen.

Gute Religionen schränken Menschen nicht ein.
Sie können vielmehr ein Hilfsmittel sein,
Menschen Gesetze zu offenbaren,
denen sie immer schon ausgesetzt waren,
deren Folgen schleichend akkumulieren,
wenn zu viele sie zu lang ignorieren.
Einzelne können Gefahren nicht sehen,
die im Lauf von Generationen entstehen,
oder beim Wachstum von Sippe zu Stadt,
das Anonymisierung zur Folge hat,
wodurch sich allerlei Chancen bieten,
für manchen Typ von Sozialparasiten.
Um das Treiben solcher Typen zu stören
muss sich die Mehrheitsgesellschaft wehren.
Da hilft Religion, und ist zu versteh'n
als soziales Immunsystem.

Abschreckend sind falsche Propheten,
durch Wesen der „Dunklen Triade" vertreten:
Psychopathen mit narzisstischen Zügen,
die andre machiavellistisch betrügen.
Da wird getäuscht und raffiniert
an religiösen Eifer appelliert,
um von dummen, vermeintlich frommen
Vermögen und Arbeitskraft zu bekommen.
Sie müssen, um das zu erreichen, betrügen,
die Menschen nach Strich und Faden belügen.
Und Lügen sind – wie oben erwähnt –
Teil dessen, was man „Das Böse" nennt.
Wer denken kann, kriegt irgendwann spitz,
bei Religion, Staat oder Justiz,
erkennt man Bösartigkeit daran,
dass sie Wahrheit nicht ausstehen kann

und geradezu in Panik gerät,
wo jemand sie ungehemmt verrät.
Da wird gequält und massakriert
nur damit eines nicht passiert:
dass Wahrheiten ans Licht geraten
über Menschen verachtende Missetaten,
was wiederum noch mehr Aufwand erzwingt,
dass die Wahrheit nicht ans Tageslicht dringt.
Doch irgendwann wird der Aufwand zu groß.
Der Lauf der Welt stellt die Arschlöcher bloß.

Moral und Religion können Ursache sein,
dass dieser Kipppunkt tritt vorzeitig ein.
Drum haben seit der Antike die Bösen
Angst vor den aufrecht Religiösen.
Drum halte Dich fern – soweit es geht –
von jeder Form von Autorität,
die sich selbst in den Vordergrund rückt,
und nicht willfährige Religion unterdrückt.

Auch wo Religion mit Gewalt missioniert
auf Unfehlbarkeit ihrer selbst insistiert,
sei skeptisch, vertrau lieber eigenem Denken.
Zwar zwingt das Leben, Vertrauen zu schenken,
doch wenn, dann lass Dich auf Vorbilder ein,
die sich bemühen, stets fair zu sein,
und auch Bedürfnisse anderer spüren,
ohne sogleich dafur zu kassieren.
Religion, die Anhängern Austritt verwehrt,
ist hilflos oder bös und verkehrt.
Wer Gotteslästerern Strafen aufzwingt,
traut eigenem Gottesbild nur bedingt.
Kann ein Schöpfer des Alls und allmächtiger Gott

beleidigbar sein durch menschlichen Spott?
Wer seines Wortes ganz sicher ist,
Kritik daran keine Achtung beimisst.

Wenn man Propheten beleidigen kann
wie fraglich sind deren Lehren dann?

Religionen erzählen von Ewigkeit,
sind zwangsläufig stets auch Kind ihrer Zeit.
Rufen Ra, Odin, Jupiter, Thor
noch irgendwen hinterm Ofen hervor?

Geschichtlich verschwand so manche Religion
durch Feindes Eroberungsaktion.

Auch langsamer Wandel über Generationen
verändert die Lehren der Religionen
schon weil der Inhalt sich jederzeit misst
an dem, was grad denk- und erfahrbar ist.
Wo ein Wunder, einst göttlich erklärt,
durch Forschung Entmystifizierung erfährt,
womit Technik dann Geräte kreiert,
mit denen man jeden Tag hantiert,
schlägt's Schneisen in den Legendenwald,
der einst als Beweis für das Göttliche galt.
Wenn's gut geht, erweitert sich dabei schnell
die Prognosekraft-Grenze im Weltmodell.
Durch Erweitern wird diese Grenze verschoben,
doch auch zäher und keinesfalls aufgehoben.

Was bringt der Zuwachs im Menschheitswissen?
Dass wir uns spezialisieren müssen!
Zusammenhänge sieht kaum einer mehr.
Die Übersicht fällt zunehmend schwer.
Wenn Wissenschaftler, Ärzte, Juristen,

94 Gedanken zum Thema Religion

Verwaltungs- und Handelsspezialisten
denselben Sachverhalt durchdenken,
wird jeder den Blick auf was anderes lenken.
Die Fachbegriffe der Disziplinen
wirken da wie geistige Schienen,
wie ein Korsett für die Gedanken
mit fachspezifischen geistigen Schranken.[27]
Das ist Neubau des Turmes zu Babylon
in Computer-gestützter Groß-Dimension!
Sollten wir da nicht eines bleiben:
ganz bescheiden und nochmals bescheiden?

Kaum jemand hat seine Religion erkoren,
ist meistens per Zufall hinein geboren,
dann darin eingebettet erzogen
als wär's mit der Muttermilch aufgesogen.
Der Religionsbegriff ist hier weit gesteckt,
Atheist und Agnostiker mit abgedeckt.
Von einer Religion zur andern zu weichen
ist mit Sprachwechsel zu vergleichen:
Selbst der, welcher Fremdsprachen perfekt spricht,
entkommt der Mutter- und Erstsprache nicht.
Bei Sprachen wie bei den Religionen
bestimmt Ersterfahrung die Assoziationen.

Von der Religion wird mit bestimmt,
wie man neue Probleme in Angriff nimmt.
Wer Hemmung und Angst hat, selbst zu denken,
lässt sich von Ritus und Gruppenzwang lenken.
Religionen *sind* Sprachen, wag' ich zu sagen,
Sprachen zur Formulierung der Fragen

---

[27] Dazu gesellt sich neuerdings frech
die Nötigung zu Gender-Sprech.

der Fragen nach dem „woher, wohin,
was hat das Leben für einen Sinn?".
Religionen, die Antworten suggerieren,
pflegen darin sehr zu divergieren.
Lässt man nur Wissenschaftslogik gelten,
lehrt jede Religion reine Phantasie-Welten,
die man, das ist typisch daran,
nicht messen, sondern nur glauben kann.
Das ist nicht weiter verwunderlich.
Religion funktioniert ja nicht wissenschaftlich.
Fragen allein können nicht garantieren,
dass Antworten überhaupt existieren,
und wenn, dass man sie finden kann,
vom Beweisen fangen wir gar nicht erst an.

Wer bereit ist, bei den genannten Fragen
„Das interessiert mich nicht!" zu sagen,
versuche, auf Religion zu verzichten,
sich nach Instinkt und Ratio zu richten.
Wobei Du Dich darauf verlassen kannst:
Du machst Dich zur eigenen Letztinstanz!
Und – ganz wichtig – bedenke dazu:
Dann berechtigst Du alle, zu handeln wie Du!
Dann etablieren sich absehbar bald
das Recht des Stärkeren und Gewalt.
Dann gib Dir ja keine Blöße mehr.
Mit Erbarmen und Mitleid ist's nicht weit her.
Dann sei mutig und stets bereit
zu Grenzerfahrung in Einsamkeit.
Bist Du einverstanden mit so einer Welt,
dann ist Religion nichts, was Dir fehlt.

Meine Grabrede, gehalten von mir selbst

An diesem Grabe trauere nicht!
Durchdenke lieber dieses Gedicht!

Eins und eins ergibt immer zwo,
ganz egal wann und ganz egal wo.
Gleichungen gelten zu jeder Zeit;
auch der Raum schränkt nicht ein ihre Gültigkeit.
Auch solchen, die so kompliziert,
dass kein Mensch sie je kapiert,
fehlt es nicht an Wirkmächtigkeit
Universums-weit und in Ewigkeit.

So ist es auch mit jenem Plan,
nach dem der Schöpfer mich fertigte an.
Abstrakt gab's den Plan vor aller Zeit
und es wird ihn geben in Ewigkeit.

Und wie eins und eins sich konkretisiert,
indem man zwei Dinge zusammenführt,
so ist das ganze Leben nur
Projektion dieses Plans auf die Natur.
Im Programmierer-Slang formuliert:
„vorübergehend instanziiert".

Die Frage, wie oft solche Projektion findet statt,
was Fremdes und Rätselhaftes hat.
Die Komplexität der Interaktionen
mit Umfeld und inneren Rekursionen
macht ziemlich einmalig jedes Leben,
man meint, das kann es nicht mehrfach geben.
Doch falls die Schöpfung ist unendlich,
wäre es fast unverständlich,
gäb's nicht von Plänen aller Sorten

Ausführungen an mehreren Zeiten und Orten.
Der Schöpfer trennt sie meist gekonnt
durch einen Ereignishorizont;
so wie die Ziffern jeder ganzen Zahl
sich finden in π sehr viele Mal.

Sicher hast Du inzwischen erkannt:
Der Plan, den ich mein', wird meist Seele genannt,
von der ja zahlreiche Religionen
die ewige Existenz betonen.
Das zu prüfen, ist nicht gegeben
denen, die in der Welt hier leben,
denn wir sehen die Seele nur
gefesselt an Fleisch und an die Natur.
Wie genau diese Natur entstand,
ist immer noch ziemlich unbekannt.
Ich selbst habe nur den vagen Verdacht,
der Schöpfer hat es wie folgt gemacht:

Er nahm aus dem Füllhorn der Mathematik
und machte daraus den Stoff der Physik,
wobei als Folge en passant
auch Energie und Masse entstand.
Und Menschen kamen und dachten dann,
dass man prinzipiell alles berechnen kann.
Doch Forschung zeigte bald drauf
die Arroganz dieses Denkens auf.
Denn der Schöpfer begrenzte extrem
die Möglichkeit, in die Zukunft zu seh'n:
Selbst kleine Systeme bekannter Struktur
sind kurze Zeit vorhersagbar nur.
Dann kommt die Chaosfunktion zum tragen,
lässt Rechnungen rein gar nichts besagen:

Der kleinste Fehler im Ausgangswert,
schon ist das Ergebnis total verkehrt.
Weiter schuf er, wie man heute versteht,
die Welle-Teilchen-Dualität,
die plancksche Unschärferelation
und das Einstein-Podolsky-Rosen-Paradoxon.
Zwar wirkt das alles besonders im Kleinen
und stört nicht den Alltag – könnte man meinen.

Wer Bohrs Deutung nicht sehr liebt
und Everett den Vorzug gibt,
glaubt an eine Vielwelt-Theorie.
Da stoppt die Schöpfung von Welten nie.
Daraus ergibt sich in der Tat,
dass jeder Myriaden von Klonen hat.
Keine Angst, du wirst sie nie selbst sehen,
sie geraten nämlich schon beim Entstehen
in fremde Hilbertraum-Dimensionen,
und damit gibt's keine Interaktionen.
Jeder Klon fängt exakt mit dem an,
was man bis zu seiner Entstehung getan.
So ergibt sich schon rein rechnerisch:
Wer bösartig ist, der belastet sich
und seine Klone auf vielerlei Art
mit dem, was er vorher im Leben so tat.
Als Karma fliegt's denen dann um die Ohren,
ohne dass irgendwer wiedergeboren!
Nur prüfen lässt sich das auf keinen Fall:
die Welten sind zueinander orthogonal.

Die Gleichung $4 = x^2$
in $\mathbb{R}$ zwei richtige Lösungen hat.
Im Vergleich dazu bietet der Lebensplan

unfassbar viele Lösungen an;
im Detail versteht man das nie.
Vereinfacht zeigt's folgende Analogie:
Der Weg durch diesen Lösungsraum
gleicht dem einer Ameise auf einem Baum,
die ständig vorwärtslaufen muss,
vom Stamm zum Blatt, und das zu Fuß.
Der Baum ist auch nicht statisch und starr,
er wächst und verzweigt sich immerdar.
Die Ameise kann eins nicht vermeiden:
Sie muss sich bei jeder Verzweigung entscheiden,
und vermindert dann jedes Mal
die gerade erreichbare Blätterzahl.
So steh'n auch in unserem Lebensplan
stets unglaublich viele Entscheidungen an.
Die wenigsten davon trifft der Verstand;
die meisten bleiben uns unbekannt,
passieren in Unterbewusstsein und Bauch,
in Zellen und Molekeln auch.
Nur wenn sich die Folgen gewaltig verstärken,
kann man sie vielleicht bemerken.
Ein winzig kleiner Fehler schon
bei einer Genreplikation
reicht als Krebs-Ursache aus,
bringt dem Träger den Garaus.

Versuchen wir es mit einem Trick,
vielleicht nicht verträglich mit der Physik.
Dann ist der Gedanke einfach nur
ein Stückchen Fiktionsliteratur.
Auch wenn es falsch ist, hat's mich berührt,
denn bei dem Gedanken hab ich gespürt:
Es gibt eine widerspruchsarme Brücke

Meine Grabrede, gehalten von mir selbst

für die vielbeschworene Lücke
zwischen dem, was in unserer Zeit,
die Wissenschaftslogik hält bereit
und den oft allzu vagen Diktionen
aus der Welt der Religionen,
die jenen, die danach lebenslang streben,
versprechen, ein glückliches, ewiges Leben.
Doch in der Welt scheint es so zu sein:
Alles, auch Leben kann endlich nur sein.
Auch potentielle Unsterblichkeit,
derer sich manche Mikrobe erfreut,
hilft meist nicht davor, gefressen zu werden,
oder wie Du und ich zu sterben.

Vielleicht ist unser Weltenall
nur ein spezieller Sonderfall
mit der Natur, die als Projektion
Endlichkeit schafft als Illusion.
So, wie jedes Kind die Erdenwelt
erst mal für eine Scheibe hält,
so scheinen wir krampfhaft dazu zu tendieren,
alles in Raumzeit zu interpretieren.
Wie im Höhlengleichnis das Bild an der Wand,
das durch Schatten im 2D entstand.
Doch geht man die Sache mal anders an,
kürzt Masse und Raumzeit vom Lebensplan,
dann erscheint die Seele als Superposition
jeder im Lebensplan möglichen Option!
Um im obigen Bild zu bleiben.
Ameisen auf allen Zweigen.
Und jedes dieser Tiere steht
für einen der Seele möglichen Weg.
Der Baum, das sei hier konzediert,

ist übermäßig simplifiziert.
Um zu veranschaulichen, was ich mein',
müssten's Myriaden von Bäumen sein,
verwunden, verdreht und noch zudem
von Ameisen besetzt überlagert zu seh'n.
Das darzustellen ist zu kompliziert,
zumal jeder Baum hoch dimensioniert.

Zurück von Gleichnis und Analogie
zu meiner abstrakten Phantasie.
Ohne Raumzeit und Masse, das sieht jeder ein,
kann Thermodynamik nicht möglich sein.
Jede dissipative Struktur und Kraft
wäre gleich mit abgeschafft.
Da alles Leben darauf beruht,
bedeutet dieses eben so gut,
was Seele oder Lebensplan
in dieser Vorstellung *nicht* sein kann:
Der Plan, das sind *nicht* nur die Informationen,
die codiert in den Genen wohnen.

Beim Betrachten von Schemata
der Transkription der DNA,
da fiel mir plötzlich auf und ein:
das könnte 'ne Turingmaschine sein!
Ein bisschen speziell wäre die schon
als Rechenmaschine der Evolution.
Zeitlos geseh'n wär sie reduziert
zum Algorithmus, den sie präsentiert.
Die Rechnung endet nicht auf die Schnelle
nach einer Generation oder Zelle.
Im Algorithmus sind raffiniert
Selbst- und Fremdliebe austariert.

Sind die Zellen nicht kooperativ,
geh'n Wachstum und Differenzierung schief.
Mehr Eigenliebe als Disziplin:
schon rafft Krebs den Körper hin.
Doch wo die Zelle für sich nichts tut,
geht Leben auch nicht lange gut.

Und selbst wenn's die Lebenden ungern versteh'n:
Man muss auch den Tod als Liebesakt seh'n!
Der Tod ist Liebes-Kooperation
mit der Folge-Generation.
Sterben im Alter gehört dazu,
sonst müllt die Welt mit Greisen zu.

Ich glaube, jede Generation
ist rechnerisch eine Iteration
zum Finden des Punktes Omega,
wie Teilhard de Chardin ihn sah.
Mit jedem kleinen Berechnungsschritt
erneuert sich der Rechner gleich mit.
Die Rechnung wird durch alles bestimmt,
was auf das Leben Einfluss nimmt.
Was immer bis dato im Weltall geschehen,
kann potentiell als Input eingehen.

Wenn man noch einen Schritt weiter denkt,
sich rasch die Idee von Seth Lloyd aufdrängt:
Nicht nur das Leben ist Rechnerei;
das ganze Weltall ist voll dabei.
Das Weltall soll ein Computer sein
und wir ein Teil davon – klitzeklein.
Vilenkin geht darüber hinaus
von kosmischen Inflationen aus.
Dabei entsteh'n in unendlicher Zahl

Gebilde wie unser Weltenall.
Tegmark setzt da noch einen drauf
und rafft sich zu der Behauptung auf:
Alles, was ist, sei im Grunde nur
mathematische Struktur.
Welche Struktur sich da realisiert,
wird aber nicht näher spezifiziert.
Auch lässt die These nicht ersehen,
wie die Axiom-Auswahl geschehen.

Drum kommen wir wieder, weil's doch mehr lohnt,
zu dem Universum, das von uns bewohnt.
Dazu fand Edwin Hubble heraus:
Dies Weltall dehnt sich ständig aus.
Nach heutiger Interpretation
beschleunigt sich die Expansion.
Wird's künftig dadurch beliebig kalt?
Dann käm's, wenn es rechnet, zum finalen Halt.
Dann ständ das Ergebnis endgültig fest.
Frag nicht, wie sich das auslesen lässt!
Scherzbolde wenden hier sicher ein:
Das muss die Zahl Zweiundvierzig sein!
Menschen muss das nicht interessieren,
sie werden dann lang nicht mehr existieren,
zumindest nicht körperlich aufgebaut
nach dem Bauplan, mit dem wir heute vertraut.

Oops, da war es wieder so weit!
Hab alles beschrieben mit der Skala der Zeit.
Für Probleme der Mathematik
gilt für Schüler und andere zum Glück:
Wie viel Zeit man für Lösungen aufgewandt,
oder ob man sie überhaupt fand,

spielt für die Richtigkeit keine Rolle.
Das ist an der Mathematik das Tolle.
Was immer das Weltall ausrechnen lässt,
auch ohne sein Dasein – die Lösung ständ fest.

Wenn da ein allwissender Schöpfer ist,
dann wär's für den folglich ganz großer Mist,
zu schaffen Universen in Massen,
um sich davon berechnen zu lassen,
das, was ihm ohnehin bekannt,
sonst würd' er zu Unrecht allwissend genannt.

Dazu werf ich augenzwinkernd ein:
Der Grund wird Langeweile sein.
Doch Langeweile hat nicht existiert,
solange die Zeit nicht eingeführt.
Um Langeweile auszuprobieren,
musste Gott die Zeit einführen.
Doch das allein war ihm nicht genug,
er schuf sie als Raumzeit in einem Zug.
Doch der Raum allein mit der Zeit
ist gähnende Leere weit und breit.
Es gäb zwar Ideen und Mathematik,
doch für Action, da fehlte Physik.
Da sagt' sich der Schöpfer: „nicht halbe Sachen!,
jetzt lass ich's mal mit Masse krachen!"
So kam es dann zu der Art Event,
den man heute Urknall nennt.

Und er fertigt die Masse derartig an,
dass sie sich in Energie wandeln kann.
So wurde sie handfest, die Mathematik;
wir sagen dazu heute Physik.
Und als das alles gut funktionierte

und jedes Weltall expandierte,
da stellt er sehr zufrieden fest,
was sich wie folgt formulieren lässt:
Die Mathematik, die Zeit nicht kennt,
bekam durch dies Experiment
einen Debug-Modus dazu;
den studierte der Schöpfer in aller Ruh'[28].

Wobei er Parameter so justierte,
dass es immer mal wieder passierte,
da kreisen Steine auf stabiler Bahn
um eine Sonne, die wärmt sie leicht an.
Als Folge stellt sich auf feucht-warmem Stein
spontan so etwas wie Leben ein,
ein aufs Große und Ganze geseh'n
lokal-instabiles Epiphänomen,
das trotzdem, wenn's lang genug existiert,
sowas wie Bewusstsein etabliert.
Ein Mechanismus, der raffiniert
Sinneseindrücke integriert,
und so von der Welt, auf die es schaut,
ein widerspruchsarmes Modell aufbaut,
das eigentlich nur dafür vorgesehen,
Gefahren fürs Leben zu überstehen.

Zunächst mit genetisch fixierter Struktur
lernt's über Generationen nur.

---

[28] Weil's manche Leser sonst zu sehr verwirrt,
sei hier nur als Fußnote aufgeführt,
wie ich unscharf persönlich interpretiere,
was ich definitiv selbst nicht im Ansatz kapiere:

Es wäre, was „wir" als Universum anseh'n,
ohne Raumzeit und Masse ein Gleichungssystem,
mit gigantischem Lösungsraum,
dessen Dimensionalität schon nicht zu durchschau'n.

So kommt's in speziellen Wesen so weit:
Sie entwickeln persönliche Lernfähigkeit.
Die allein ist noch nicht ganz der Hit,
denn was stirbt, nimmt alles Gelernte mit.
Der Ausweg ist ein Symbolvorrat,
den man gemeinsam mit anderen hat.
Ist der dann noch erweiterbar,
stellt das einen Glücksfall dar.
Das macht Erkenntnis, Erfahrung, Gedanken
anderen mitteilbar, fast ohne Schranken.
Symbole nutzend, sollte jeder verstehen:
Hier muss es wohl um Sprache gehen.

Wobei das mit dem Symbolvorrat
in praxi zahlreiche Tücken hat.
Denn jede neue Generation
lernt neu der Worte Definition.
Dabei wird zwangsläufig aufgebaut
auf dem, was dem Lernenden schon vertraut.
Ist diese Basis nicht wohldefiniert,
wird mit dem Gelernten nur schwadroniert.
Solch Wortbenutzer labert dann,
was er selbst sich nur vage vorstellen kann.
Wenn so einer das einem andern erklärt,
dann wird der Unsinn so richtig verkehrt.
Im wahren Leben werden fast alle
ignorante Erklärer in dieser Falle.
Statt ehrlich nach schlauen Kinderfragen
als Antwort „Ich habe keine Ahnung!" zu sagen,
werden Worte dann und wann
zu Proxys für was es nicht geben kann.

Unsinnsaussagen mit Verlegenheitsworten
findet man darum allerorten.
Bloß weil der Mensch was nicht kapiert,
wird's Gott oder Göttern attestiert.
Wie in den vielen Schöpfungsgeschichten,
von denen die Religionen berichten,
mit Storys, die lange mündlich tradiert,
bis sie aufgeschrieben und redigiert,
dann deklariert als „von Gott empfangen".
Historisch ist's eher profan zugegangen:
Da nahmen die Chefs von Priester-Kasten
Geschichten, die gut in den Kram ihnen passten,
nannten sie göttlich gegeben und wichtig,
egal, ob sie widerspruchsfrei oder richtig.
So entstanden diverse kanonische Bücher
– für Atheisten eher rote Tücher –,
zumal die Mehrzahl der Religionen
die eigene Unfehlbarkeit betonen.
Dem, der nicht folgen will oder kann,
droht man ewige Hölle an.
Und weil fast alle Religionen so sind,
ist logischerweise vorbestimmt,
dass alle in die Hölle fahren,
egal, ob sie gut oder böse waren.

Apropos „bös": diese Kategorie
verstehen, die darüber reden, fast nie!
Wer mag denn zu sagen, was böse ist?
Wenn ein Wolf ein Schäflein frisst?
Wenn Mücken nach Blut ihrer Wirte gieren
und die dabei tödlich infizieren,
nur zur Entwicklung von Eiern und Brut,
die später wieder dasselbe tut?

108 Meine Grabrede, gehalten von mir selbst

Wenn ein Tierschützer nicht bedenkt,
dass seine Katze Vögel fängt?
Wenn eine Spinne Fliegen aussaugt
oder ein Staat Kolonien ausraubt?
Wenn egoistische Potentaten
Völker in sinnlosen Kriegen verbraten?
Wenn Banker und Manager dummdreist lügen,
um eigene Kunden zu betrügen,
ja, selbst wenn die Bank schon insolvent,
auf Boni bestehen, ganz konsequent?
Wenn Politiker, Lobbyisten-getrieben,
Gesetze erlassen oder verbiegen,
dass ihr Klientel danach Kasse macht,
ohne dass Gegenleistung erbracht?
All das erscheint manchen Menschen gemein;
manchmal muss man dazu kindlich sein.
Andres versteht erst, wer erwachsen und groß,
das Wissen dazu fällt nicht in den Schoß.
Am heftigsten hat mich einst schockiert,
wie der Schöpfer die Evolution orchestriert.
Denn aller Fortschritt beruht dabei
auf Fehlern bei Erbgut-Kopiererei,
die meist zu Leiden und Krankheiten führen,
nur selten ist etwas Fortschritt zu spüren.
Das erzwingt Reproduktionsüberschuss,
der, bevor erwachsen, schon sterben muss.
Da ist Kannibalismus als Norm vorgesehen,
als Bestandsdichte regelndes Geschehen.
Manch Hai muss im Mutterleib, um sich zu ernähren,
schon vor der Geburt die Geschwister verzehren.
Warum, drängt sich mir da als Frage auf,
nimmt ein „Liebender Schöpfer" so was in Kauf?

Für Geschöpfe so wenig Mitgefühl,
ist da Sadismus des Schöpfers im Spiel?
Aber, ob derlei echt böse ist,
ist deshalb keinesfalls schon gewiss.

Als gut oder böse empfinden wir nur,
wie vorgegeben von unsrer Natur.
Die sieht Ich-bezogen als böse an,
was Fortpflanzungschancen mindern kann.
Dem Schaf fiele sicher niemals ein,
ein Wolf könnt' gut statt böse sein.
Kräuter und Gräser wollen hingegen
lieber mit Wölfen als Schafen leben.

Das macht es einfach, einzusehen:
Jede Art wird andres als böse verstehen.
Kategorien wie böse und gut
sind folglich keinesfalls absolut!
Sie sind entscheidend dadurch bestimmt,
wo Geistes- und Einsichtsgrenzen sind.
Ist der geistige Horizont klein,
muss er ein enger Kreis um ein Ego sein.

Wenn wir im „gut/bös-Maßstab" denken,
lassen wir uns von Wünschen lenken,
Wünschen, die sehr davon mitbestimmt,
in welcher Phase des Lebens wir sind.
Wünschen, die wenig davon berührt,
was bei Erfüllung andern passiert,
was Wunscherfüllung für die eigene Art
und für andere Arten für Folgen hat.

Folglich ist menschliches Richteramt
zu subjektivem Urteil verdammt.
Selbst wenn's um weltlich gut/böse geht,

gibt's schon theoretisch kaum Objektivität.
Bei einer Vielzahl von Schritten im Leben
ist urteilen müssen vorgegeben.
Jede Entscheidung, wozu immer getroffen,
beruht auf dem Wissen, das eingeflossen.

Auch ist Urteil implizit vorgegeben
bei wissensbasierter Entscheidung im Leben:
Was in einem Kontext als Wissen bekannt,
wird in anderem Vorurteil genannt!

Zurück zum Thema „Tod" zum Schluss,
wie es in Grabreden wohl sein muss.
Als Programmierer glaub' ich zu verstehn,
wie der Tod technologisch zu seh'n:
Zeugung, Geburt und Lebenslauf
bau'n die Objektinstanz einer Klasse auf.
Biologisch gesehen entspricht der Klasse
die Art oder vielleicht auch die Rasse.
Und jede Objektinstanz von Leben
hat eine Methode, es weiter zu geben,
als zu sich selbst ähnliche Kopie,
doch ganz identisch sind die nie.
Als Medium zum Instanziieren der Klasse
nutzt der Konstruktor[29] Raum, Zeit und Masse,
und zwar als dissipative Strukturen.
Die sind – schon aufgrund ihrer Naturen –
intrinsisch prinzipiell instabil.
Das heißt mit anderen Worten soviel:
Wenn in der Instanz plötzlich nichts mehr passiert,
weil sie logisch oder thermodynamisch blockiert,
ruft das die Destruktor-Methode auf.

---

[29] programmiertechnisch und allgemein zu verstehen ;-)

Der Selbst-Abbau nimmt seinen Lauf.
Will man dissipative Strukturen zerlegen,
braucht man Materie kaum zu bewegen.
Es reicht, man erlaubt der Materie schlicht
den Fall zum thermodynamischen Gleichgewicht.
Weil alles ohnehin danach strebt,
ist Sterben etwas, das immer geht.
Das Material wird komplett freigegeben
zum Aufbau von anderem, neuen Leben.
Solch Garbage-Collection fasziniert
jeden, der jemals hat programmiert.

Wenn Maden einen filetieren,
Reste durchs Erdreich diffundieren,
nenn jeder mich gut und bös wie er will,
meine Leiche gibt d'rauf nicht viel.
Die Klasse existiert virtuell fort,
unabhängig von Zeit und Ort.
Ob ihre Methoden zweckmäßig sind,
die Instanziierung irgendwas bringt,
das zu bewerten, ist uns nicht gegeben,
die „im Innern der Implementierungen" leben.
Zumal nach der Deutung von Everett
jeder unglaublich viele „Klone" hätt',
welche Blättern entsprechen an einem Baum,
der prinzipiell nicht zu durchschaun,
weil der sich seit seiner Entstehungszeit
auf Myriaden von „Universen" verteilt,
von denen wir im Leben ja kaum
auch nur eines nur punktuell durchschau'n.
„Universen" – schon als Wort irreführend,
da denke ich mir wild spekulierend:
Wer „Universen" – wie Everett postuliert –,

ständig massenhaft neu generiert,
der kann bestimmt bei allem Gestalten
dabei noch den Überblick behalten
und – sofern es ihm gefällt –,
sie verschmelzen zur „Superzustands-Welt",
in der Kausalität nicht mehr interessiert,
weil sich alles raumzeitlich superponiert.
Den Übergang dahin nennen wir schlicht
in vager Vorahnung „Jüngstes Gericht".
Der Weltzustand ohne Raum und Zeit
klingt an in unserm Wort „Ewigkeit".
Bei „Ewigkeit" fällt vielen gleich ein,
muss unendlich viel Zeit verfügbar sein.
Ich mein, den „Ewigkeits-Zustand" zeichnet aus,
er kommt ohne Raumzeit und Masse aus;
und, dass, weil Raum und Zeit *verschwinden*,
nichts Kausales mehr kann gelingen.
Änderung kann's nicht mehr geben.
Wie etwas ist, so ist es eben.
In dieser „Superzustands-Welt"
wird dann von selber festgestellt,
was böse, gut, falsch oder wahr,
denn alles ist einfach ganz offenbar.
Lug und Trug funktionieren nicht,
was ist, das zeigt sein wahres Gesicht.
Selbst klammheimliche Hintergedanken
liegen weit offen, ganz ohne Schranken.
Des Lebens Zeitraum von ein paar Jahrzehnten,
wo Tage verflogen, andre sich dehnten,
überlagert zu einem zeitlosen Punkt,
der nolens volens selbst tut kund,
wie sein Charakter zur Lebenszeit war,

ob hintertrieben, ob ehrlich und klar:
Solch ein Punkt könnt', wie ich mein',
eine Daseinsform der „Seele" sein
oder Wortbruchteil in dem Buch von der Welt,
von dem uns Johannes 1,1 erzählt ...

Danksagung

Herzlicher Dank an Robert Sontheimer dafür, dass er auf der Webseite „http://www.fractalizer.de" das Programm zum Zeichnen des „Apfelmännchens" anbietet. Dieses Programm war das wichtigste Werkzeug beim Entwurf des Covers dieses Buches.

Ein besonderer Dank gilt meinem Freund Thomas Schwarz: Er hat die Mühe des Lektorats auf sich genommen, dabei Unmengen von Rechtschreib- und Interpunktionsfehlern behoben und mir darüber hinaus viele wertvolle Tipps zum Manuskript gegeben.